Couverture :
Conception graphique de France Lavoie.

ISBN : 2-7621-0729-6

Dépôt légal : 1er trimestre 1979, Bibliothèque nationale du Québec.

Achevé d'imprimer le 21 août 1979, à Montréal,
aux Presses Élite Inc., pour le compte des Éditions Fides.

CAHIERS DE RECHERCHE ÉTHIQUE

7 - *Le référendum: un enjeu collectif*

---

* Texte original anglais, traduction française d'Albert Jordan de l'Université Concordia, Montréal.

Présentation

Le projet de référendum du Parti québécois, qui ne faisait naguère qu'affleurer dans les programmes et les discours politiques, est devenu une réalité qui s'inscrit maintenant dans un avenir prochain. L'énigme de la date fatidique n'a désormais d'autre intérêt que les jeux stratégiques qui l'entretiennent. Un jour, ce sera le jour.

Pour l'heure, on trouve déjà son compte en prêtant attention aux échos et aux réactions qui surgissent des quatre coins de l'horizon : les hommes politiques s'exercent à maintenir le projet à l'affiche dans la surenchère des formules taillées et burinées jusqu'à l'usure ; les grands de la finance marquent le pas en surveillant leur mise avec une vigilance frénétique ; les analystes de la vie politique échafaudent les scénarios les plus rassurants comme les plus menaçants ; les journalistes se tiennent à l'affût pour enregistrer les performances et pour répercuter le fin mot du dernier visionnaire.

Voilà, dans une esquisse à gros traits, la dimension spectaculaire que l'enjeu comporte et qui risque de gagner considérablement en ampleur le jour où s'ouvrira la véritable campagne référendaire. On peut s'attendre alors à voir entrer en scène un contingent de nouveaux oracles qui mêleront leur voix aux autres sur toutes les gammes et avec les cocardes les plus variées.

Au cœur du tumulte politique et stratégique, ce sera pourtant chacun des citoyens de la collectivité québécoise qui aura un jour les cartes en mains et qui déterminera l'issue de la partie. Aura-t-il été mis convenablement au fait des enjeux ? Saura-t-il faire la part des enthousiasmes et des appréhensions qui le tiraille-

*ront ? Sera-t-il devenu un votant responsable ou un dévôt asservi ?
Sous quel code sera-t-il appelé à choisir son pays ?*

Ce sont là seulement quelques-unes des innombrables questions qui ont déjà été posées et qui ne peuvent être esquivées. Elles demandent à être approfondies dans une démarche de réflexion sérieuse, à bonne distance des tribunes bruyantes de la propagande et de la démagogie. La présente publication s'offre au lecteur comme l'un des moyens d'amorcer cette réflexion individuellement et collectivement. Les textes qui suivent ouvrent sur ces questions des avenues qui méritent d'être explorées. Sans prétention, les auteurs qui s'expriment ici se sont efforcés de maintenir un niveau d'argumentation qui s'appuie sur une vision raisonnée de l'homme, sur une conception réaliste de son association avec ses semblables, sur le sens et la dynamique de l'histoire, voire sur des éléments pertinents de théologie.

Ajoutons que dans cette perspective, le référendum ne peut être considéré comme la question d'un jour ni même comme une séquence ponctuelle de notre histoire. La réflexion sur l'événement et sur sa portée demandera à être prolongée, quel que soit le résultat du vote. Il nous apparaît évident que la plupart des textes présentés ici ont été écrits dans cette visée et qu'ainsi ils garderont leur actualité par-delà les termes d'avant et d'après.

Nous souhaitons que le lecteur trouve dans ce Cahier quelques éléments utiles à sa réflexion et à la discussion avec ses proches. Et encore mieux, qu'il y trouve des points de lumière qui éclairent son choix et sa vie politique dans cette contrée des terres voisines.

Rodrigue BÉLANGER

les données d'ensemble

MAJORITÉ, MINORITÉ ET RÉFÉRENDUM

Louis Balthazar

Louis Balthazar est professeur agrégé au Département de science politique de l'Université Laval de Québec. Il a déjà publié plusieurs articles sur le nationalisme québécois.

Le référendum sur l'avenir du Québec ne prend tout son sens qu'en fonction de l'évolution de la politique québécoise depuis les débuts de la révolution tranquille. À la lumière de cette évolution, qui consiste essentiellement en l'accession des francophones québécois au statut de majorité et corollairement à la minorisation des anglophones du Québec, je compte essayer de dégager ici quelques principes auxquels un référendum juste devrait se conformer.

L'aspiration à la majorité

Peu à peu, à compter du début des années 1960, les Canadiens français du Québec se sont mis à s'appeler Québécois. On n'insistera jamais assez sur ce changement de nom. Car il révèle la profonde transformation du nationalisme canadien-français qui s'est opérée au cours de cette période. Ce nationalisme n'allait plus graviter autour de l'ethnie francophone en Amérique du Nord, ni autour de l'Église canadienne-française, mais bien en fonction de la dynamique de l'État québécois. Désormais, le fait français devenait circonscrit, en tant que facteur de civilisation, dans un territoire défini, celui qui est plus ou moins contrôlé par le gouvernement du Québec. C'est un peu cela que M. Lesage affirmait quand il déclarait que « le Québec est l'expression politique du Canada français et... joue le rôle de mère-patrie pour tous ceux qui, au pays, parlent notre langue » [1].

Jamais auparavant dans leur histoire les Canadiens français n'avaient pris une telle conscience de constituer une majorité sur un territoire donné. Les Britanniques avaient bien pris soin de ne leur accorder des institutions démocratiques qu'au moment où les anglophones allaient devenir majoritaires. Sans doute, la Confédération de 1867 permettait aux Canadiens français de contrôler un gouvernement provincial. Mais il fallut attendre 1960 pour que ce gouvernement assume un véritable leadership en s'attribuant des responsabilités réelles en matière d'éducation, de culture, d'affaires sociales, d'économie, etc.

Toute la politique québécoise depuis 1961 — et cela est le fait de tous les gouvernements qui se sont succédé, de tous les partis politiques — a consisté à revendiquer tous les pouvoirs et instruments nécessaires pour que le Québec devienne un véritable État national à l'intérieur de l'union canadienne, pour que les francophones québécois deviennent avant tout une majorité sur leur territoire et puissent s'affirmer comme tels. En revanche, l'essentiel de la politique du gouvernement fédéral à l'égard des Canadiens français consistait à nier cette aspiration québécoise en insistant sur les droits linguistiques des francophones à travers tout le pays. Il semble même que l'idéal des fédéralistes les plus orthodoxes ait été d'encourager la mobilité de la population canadienne au point que les francophones se retrouvent, sinon en nombre à peu près égal partout au pays (c'est-à-dire en minorité), du moins plus nombreux et plus visibles hors du Québec, et conséquemment moins nombreux et moins forts au Québec. N'est-ce pas ce que suggère ce passage du récent document du gouvernement fédéral sur la réforme constitutionnelle : « l'insuffisance des droits linguistiques garantis par la Constitution... a compromis l'essor de la collectivité canadienne de langue française, entraîné le repli de cette collectivité sur le Québec, et attisé le mouvement séparatiste qui se manifeste dans cette province » [2].

Ainsi donc, tandis que le « repli sur le Québec » est considéré par le gouvernement fédéral comme un phénomène dangereux, une source d'éclatement de la Confédération, la consolidation d'un

Majorité, minorité et référendum

pouvoir québécois seul responsable de l'épanouissement du fait français en Amérique demeure le grand idéal du gouvernement et des citoyens du Québec.

Les Québécois ont compris, plus ou moins explicitement que, dans le monde moderne où les communications bouleversent tant d'habitudes acquises, il n'est pas possible pour une culture de se maintenir vivante si elle ne s'appuie sur un réseau complet d'institutions que seule une majorité rend possible. Autrement dit, il n'y a pas de chance pour la survie et l'épanouissement d'une véritable civilisation française hors du Québec. On pourra toujours maintenir ailleurs un certain nombre d'institutions, mais le fait pour les francophones d'être une minorité ne leur permettra jamais de « vivre en français » à tous les niveaux de la vie sociale.

Pour un grand nombre de Québécois, l'établissement et la consolidation de cette majorité ne sera jamais possible aussi longtemps qu'un autre niveau de gouvernement nous rappellera que nous sommes minoritaires au Canada. Pour un nombre beaucoup plus considérable (du moins, d'après tous les sondages réalisés avant l'été 1978), on peut encore espérer que nous puissions nous affirmer comme majorité au Québec, notre première patrie, tout en participant à une forme révisée d'union canadienne. Ce nouveau statut du Québec au Canada pourra s'appeler « souveraineté-association » ou encore « statut particulier » dans un fédéralisme renouvelé (ou bien d'autres choses encore). Pour l'essentiel, il devra permettre aux francophones québécois d'agir comme une majorité, de modeler les institutions québécoises à leur image.

Il est donc bien clair que ni les indépendantistes, ni les tenants de la souveraineté-association, ni ceux du fédéralisme renouvelé ne peuvent s'approprier à eux seuls le nationalisme québécois. Il est encore plus évident que le Parti québécois n'incarne pas seul ce nationalisme. Voilà pourquoi il serait dommage que le référendum porte sur l'adhésion à une forme particulière de souveraineté québécoise ou à la philosophie d'un parti politique parmi d'autres. Le référendum devrait permettre au *nationalisme majoritaire* des Québécois de s'exprimer le plus largement possible. Je tenterai de montrer plus loin que cela pourrait se faire sans renoncer à la clarté et à des résultats concrets.

Les anglophones minoritaires

Pour le moment, il faut examiner le corollaire inévitable de cette aspiration des Québécois francophones à la majorité : c'est que les anglophones résidant au Québec sont appelés à devenir une minorité.

Comme on l'a dit souvent, la population anglophone du Québec, de par sa puissance économique et en raison de son appartenance à l'ensemble canadien, a toujours eu conscience de constituer une majorité. J'irais même jusqu'à dire que si les Québécois francophones sont des Canadiens plutôt tièdes, les anglophones de Montréal, pour leur part, sont les plus Canadiens des Canadiens. Dans une large mesure, c'est à partir de Montréal que le Canada s'est bâti. Les grands artisans du chemin de fer, les premiers banquiers s'étaient établis dans cette ville qui fut longtemps la métropole canadienne bien davantage que la première ville du Québec. Cela a permis aux anglophones de Montréal de se sentir profondément intégrés à une majorité canadienne même s'ils étaient numériquement en minorité dans la province de Québec. Les immigrants n'ont pas manqué de constater ce phénomène et ont choisi, par ambition ou par simple sens pratique, de se joindre à cette majorité canadienne ou du moins d'adopter sa langue, lorsqu'ils s'installaient à Montréal.

Or, les Québécois francophones, en choisissant de devenir « maîtres chez eux » au Québec, en voulant s'affirmer comme une véritable majorité, ne pouvaient pas ne pas demander aux anglophones de devenir une minorité et de s'intégrer dans une certaine mesure à la majorité comme il arrive à toutes les minorités du monde. Pour longtemps, les anglophones du Québec ont assez mal perçu ce message. Bien installés dans leurs privilèges acquis, ils ont plus ou moins fait la sourde oreille et ont continué de vivre comme des « Canadians » en se persuadant que l'ambition québécoise demeurait irréalisable ou qu'elle n'existait vraiment que dans l'esprit de quelques fanatiques.

Il faut dire aussi que les Québécois francophones n'ont pas pris véritablement conscience de la transformation qui s'opérait. Tout en s'appelant Québécois et en donnant leur allégeance à l'État du Québec, ils ont continué de se comporter comme des Canadiens français, c'est-à-dire en accentuant la dimension ethnique de leur appartenance. Cette attitude a produit des aberrations comme cette hésitation à inclure la minorité anglophone sous le vocable « Québécois ». Encore récemment, on se posait la question : « Qui sont les véritables Québécois ? » Et le langage populaire n'arrive pas à se débarrasser de l'identification étroite entre francophones et Québécois.

Pourtant, la réalité est inéluctable. Un million de personnes non francophones habitent ce territoire du Québec auquel nous attachons désormais la première importance. À moins de devenir racistes au point de déporter ces gens (ce à quoi, Dieu merci, personne n'a jamais songé), il faut bien accepter ce fait qu'eux aussi sont des Québécois à part entière et qu'ils font partie de la nouvelle collectivité à laquelle nous nous identifions.

Mais la mentalité des francophones québécois n'a pas encore subi la transformation qui s'impose. Cela est dû à des facteurs bien explicables sans doute. D'une part, il faut noter la mauvaise volonté ou la méfiance de plusieurs anglophones. Mais il faut dire aussi que nous, les francophones, n'avons pas vraiment pris l'habitude d'être une majorité. Notre histoire ne nous a guère permis de développer une attitude d'accueil envers ceux qui ne parlent pas notre langue, même si ceux-ci font des efforts pour l'apprendre et s'intégrer à notre milieu. Nous ne sommes guère patients avec eux et leur donnons souvent l'impression qu'ils n'arriveront jamais à participer pleinement à la société québécoise.

Cette société, si elle doit s'épanouir, devra pourtant devenir résolument pluraliste et même multi-ethnique. La baisse du taux de natalité nous oblige à intégrer des personnes d'origine ethnique différente si nous voulons vraiment continuer de croître. Nous devons donc être logiques avec nous-mêmes. On ne peut demander aux immigrants d'envoyer leurs enfants à l'école française (comme nous l'avons fait avec la loi 101) et aux anglophones d'apprendre le français si nous ne les accueillons pas à bras ouverts, si nous ne leur réservons pas toute la place qui leur revient parmi nous.

Pourquoi faut-il, par exemple, qu'on accepte aussi rarement de traduire Québécois par « Quebecker » lorsqu'on s'exprime en anglais [3]. Français se dit « French », « Deutsch » se dit allemand et « German », ce qui n'empêche ni les Français ni les Allemands de proclamer bien haut leur culture et leur langue officielle. Refuser de traduire « Québécois » en anglais quand il le faut revient à conserver à notre nationalisme une dimension ethnique pourtant disparue dans les faits.

Louis Balthazar

La minorité anglophone [4] devra donc tôt ou tard apprendre à devenir québécoise et nous devrons apprendre à la québéciser sans pour cela lui enlever les droits qui lui reviennent, en particulier celui d'exprimer pleinement sa dissidence à l'occasion et celui d'influer, en tant que partie importante de la société québécoise, sur l'évolution de cette société.

Pour un référendum juste

Cette évolution du Québec, cette aspiration des francophones au statut de majorité avec tout le respect dû à la nouvelle minorité, ne devrait-elle pas être reflétée par un référendum portant sur le destin national du Québec ? Or, ce qui est à craindre par-dessus tout, c'est que la question posée soit telle que la réponse apportée ne nous permette de rien conclure de positif sur l'avenir du Québec. Si les Québécois allaient, par exemple, répondre non à un projet souverainiste qu'ils jugeraient prématuré, ne serait-il pas très difficile et très pénible de continuer d'expliquer aux autres, voire même de nous dire à nous-mêmes, que le nationalisme québécois est encore bien vivant, que nous aspirons toujours à une certaine forme de souveraineté dans l'ensemble canadien ? Pour éviter cette pénible situation, il faut donc souhaiter que la question posée permette aux Québécois de faire un pas en avant en disant « oui ».

C'est là un premier principe. Un référendum portant sur l'avenir de la nation québécoise devrait être une sorte de thermomètre du nationalisme québécois, une sanction solennelle à l'aspiration légitime des francophones québécois à s'affirmer comme une majorité, à reconnaître à leur gouvernement le minimum de souveraineté nécessaire à l'accomplissement de ses tâches essentielles.

Même un indépendantiste irréductible devrait accepter provisoirement ce fait que la majorité de ses compatriotes ne s'est pas encore réconciliée avec l'idée de souveraineté politique totale. Pourquoi ne pas prendre cette population au niveau où elle est, quitte à revenir plus tard lui proposer d'aller plus loin [5].

La majorité des Québécois s'accorde pour constater que le système actuel est inacceptable et que le Québec doit enfin conquérir ce à quoi il aspire depuis dix-huit ans. Ces aspirations sont bien concrètes et ont été énumérées souvent. Il suffirait de les reprendre,

Majorité, minorité et référendum

de leur donner un caractère solennel qui ferait signifier clairement et définitivement au gouvernement fédéral que, cette fois, les Québécois ne se contenteront pas de demi-mesures ni de promesses.

On me dira qu'il n'y aurait là rien de nouveau, puisque tous nos gouvernements ont déjà demandé tant de fois les mêmes choses sans succès. Je crois qu'il y aurait là au contraire quelque chose de très nouveau. Nous indiquerions enfin, de façon claire et solennelle, que non seulement nous désirons ces changements mais qu'une résistance du gouvernement fédéral nous serait absolument intolérable. Jamais auparavant, nos gouvernements ne sont allés jusqu'au bout de leurs revendications. Le chef de l'opposition, M. Ryan, pour sa part, tout en déclarant qu'il souhaite une sorte de statut particulier pour le Québec, ne nous dit pas ce qu'il fera s'il ne l'obtient pas. M. Daniel Johnson lançait, il y a dix ans, l'ultimatum « égalité ou indépendance », sans jamais persuader ses interlocuteurs qu'il croyait vraiment à ce qu'il disait. Cette fois-ci, il pourrait être clairement exprimé que si les pouvoirs québécois ne sont pas acquis, un autre référendum devrait être tenu pour inviter les Québécois à tirer la conclusion.

La question formulée pourrait être très claire et très concrète. Par exemple, elle pourrait se lire comme suit : « Donnez-vous à votre gouvernement le mandat solennel de récupérer tous les pouvoirs en matière d'affaires sociales, de communications, de culture, de contrôle des ressources et des relations internationales afférentes à ces juridictions ? » Il ne s'agit ici que d'un exemple, bien entendu. La question pourrait être plus audacieuse. Je me contente ici d'énoncer le principe suivant : il faut absolument permettre aux Québécois de dire oui à une consolidation des pouvoirs de leur gouvernement. Autrement dit, la question posée doit aller aussi loin que possible tout en correspondant à l'état présent des aspirations de la population. Au moment où le destin du Québec est en jeu, et non pas d'abord celui du Parti québécois, il doit être possible aux nationalistes libéraux, unionistes, créditistes d'appuyer leur gouvernement, au-delà de la ligne des partis. Il s'agit de pouvoir dire oui ou non à la patrie du Québec.

Mais il faut tout de suite poser un second principe. Le oui ne doit pas être arraché aux Québécois par la supercherie, ce qui serait le cas si on les invitait à s'engager au-delà de ce qu'ils désirent vraiment au nom de la nation. Sans aller jusqu'à la duperie institutionnalisée de style Pinochet, le Parti québécois pourrait être tenté de se servir du sentiment national (en tenant le référendum par exemple un 24 juin ou en posant une question trop ambiguë) pour inviter les Québécois à accepter une formule qu'ils répudieraient par ailleurs. Il y a là sans doute un grave danger, mais il faut croire que concrètement, une telle entreprise nuirait davantage au gouvernement qu'elle ne le servirait, si l'on songe que l'opposition ne serait que trop heureuse de dénoncer le scandale et que l'électorat du Québec ne se laisserait pas berner aussi facilement. On peut penser aussi que la plupart des membres du gouvernement ont assez d'honnêteté pour résister à pareille tentation.

Mais le danger nous guette toujours, l'histoire des nationalismes en témoigne, de faire franchir au sentiment national un seuil au-delà duquel d'autres droits humains sont lésés. La nation doit demeurer au service des personnes et non l'inverse. Nous en sommes suffisamment avertis de toute part pour espérer que ce piège sera évité.

Un troisième principe découle normalement du premier et du second. Si la majorité doit pouvoir s'exprimer et s'affirmer, si elle doit pouvoir le faire spontanément et librement, la minorité doit aussi faire entendre sa voix en toute légitimité.

On a déploré récemment que la minorité anglophone soit presque unanimement imperméable au nationalisme québécois, qu'elle se soit encore aussi peu intégrée à la vie politique québécoise. Il est bien normal que cela déçoive les francophones, encore qu'ils aient leur part de responsabilité, comme je l'ai indiqué plus haut. Mais cette déception ne devrait pas nous amener à refuser à la minorité son droit strict de s'exprimer comme elle l'entend.

Dans l'état actuel des choses, il faudrait être bien naïf pour souhaiter que les voix des anglophones au référendum se répartissent de la même manière que celles des francophones. D'ailleurs, c'est un phénomène quasi universel que les minorités s'expriment souvent en bloc pour donner plus de poids à leur vote. Les Canadiens français n'ont pas fait exception en appuyant massivement, depuis le début du vingtième siècle, le Parti libéral du Canada. Ils ont souvent ainsi contribué à porter au pouvoir ce parti, alors que la majorité des anglophones appuyait les Conservateurs. Nous serions donc mal venus de chicaner les anglophones québécois s'ils parvenaient, par leur poids électoral, à faire pencher la balance d'un côté opposé au vœu d'une majorité de francophones.

Majorité, minorité et référendum

Nous sommes tous Québécois, quels que soient nos origines ethniques. Je ne vois pas dès lors au nom de quelle légitimité, si ce n'est en vertu d'un relent de racisme, nous pourrions ainsi créer deux catégories d'électeurs. Il est vrai que le oui au référendum devra être exprimé par environ 60% des électeurs francophones pour l'emporter. C'est là la règle du jeu. Il est donc tout à fait aberrant de déplorer que le peuple québécois soit victime d'une sorte de droit de veto des anglophones. Ces anglophones sont aussi le peuple québécois. Parce que les francophones sont devenus une majorité, ils ne sont pas devenus pour cela le Québec tout entier. Les anglophones ont déjà assez de difficulté à accepter leur statut de minorité sans que nous leur imposions de surcroît une sorte de ségrégation ou que nous leur enlevions leur droit strict de s'exprimer dans la proportion de leur importance numérique.

Voilà donc trois principes, dont le premier est évidemment le plus discutable, qui pourraient constituer les jalons d'une sorte d'éthique du référendum sur l'avenir national des Québécois, peuple suffisamment fier de constituer une majorité francophone pour bien vouloir respecter pleinement les droits de sa minorité anglophone.

Notes

1. Cité par Claude Morin dans *Le Combat québécois*, Montréal, Boréal Express, 1973, pp. 68-69.

2. *Le Temps d'agir*, Jalons du renouvellement de la fédération canadienne, Ottawa, Gouvernement du Canada, 1978, p. 21.

3. Notons que ce phénomène est attribuable tout autant aux anglophones qui s'expriment sur le Québec qu'aux Québécois de langue française eux-mêmes. Pour les uns, cela donne une sorte de teinte ethnique et bizarre au groupe ainsi nommé (comme par exemple, pour le mot « apartheid » jamais traduit). Pour les autres, il s'agit probablement d'une sorte d'insécurité qui fait craindre que le caractère français du Québec s'envole avec la traduction. Les uns et les autres s'influencent sans doute réciproquement.

4. Je ne pose pas ici de catégories spéciales pour cette minorité qu'on appelle « allophone » ou néo-québécoise, ni pour les autochtones. Non pas que ces groupes ne méritent une attention particulière. Mais pour les fins de cet article, outre le fait que les allophones finissent tôt ou tard par adopter l'anglais ou le français comme langue d'usage, ce qui est dit ici des anglophones peut s'appliquer en grande partie aux autres groupes ethniques.

Louis Balthazar

5. On aura tôt fait de riposter que le gouvernement du Parti québécois trahirait par là sa promesse solennelle de tenir un référendum sur l'option fondamentale de la souveraineté-association. Notons d'abord que l'option n'a jamais été définie clairement et pour cause. Ensuite, je ne vois pas pourquoi le gouvernement ne pourrait pas faire preuve de souplesse et reconnaître franchement que la population n'est pas prête à envisager la souveraineté politique, telle que définie dans le programme du P.Q. Une telle attitude provoquerait, à n'en point douter, de sérieux remous, sinon des dissensions radicales à l'intérieur du P.Q. Mais rappelons-nous la colère de nombreux péquistes à la suite de l'adoption de la formule étapiste de Claude Morin, à une époque où le leadership du P.Q. était moins assuré qu'il ne l'est aujourd'hui. Cela n'a pas affecté sérieusement l'unité du parti et ça ne l'a pas empêché de gagner les élections de 1976. M. Lévesque est certainement assez populaire auprès de ses partisans pour leur faire comprendre et accepter ce nouvel étapisme. De plus, les dissidents n'auraient d'autre choix éventuellement que de se rallier au « oui ». On voit mal un souverainiste dire non à une augmentation notable du pouvoir québécois.

LE RÉFÉRENDUM ET
L'ÉDUCATION POPULAIRE

Jean-Guy Nadeau

Jean-Guy Nadeau est maintenant professeur à l'Université du Québec à Rimouski, après avoir été directeur général de la Commission scolaire régionale du Bas St-Laurent, puis directeur général du Cégep de Rimouski. Membre du Conseil supérieur de l'Éducation, il a présidé le groupe de travail qui a élaboré, en 1974, le rapport de ce Conseil sur l'état et les besoins de l'enseignement collégial au Québec.

Le référendum est, en principe, l'expression achevée de la démocratie. En participant ainsi directement à une décision politique qui l'affecte, le citoyen ordinaire retrouve sa voix et reprend le pouvoir. Il recouvre sa liberté, dirait Jean-Jacques Rousseau, selon qui un citoyen ne devrait pas déléguer à des parlementaires la responsabilité de faire les lois qui régissent la société. « Toute loi que le peuple en personne n'a pas ratifiée est nulle ; ce n'est point une loi. Le peuple anglais pense être libre, il se trompe fort ; il ne l'est que durant l'élection des membres du parlement : sitôt qu'ils sont élus, il est esclave, il n'est rien » (*Du Contrat social*, III, 15). Le régime parlementaire ne serait qu'un moindre mal par rapport au régime monarchique. L'idéal démocratique exigerait que toute loi fût sanctionnée au suffrage universel.

Mais le suffrage universel, séduisant de prime abord pour un esprit démocrate, peut se révéler, en pratique, une arme redoutable au service d'un fin démagogue. Les foules, c'est bien connu, se laissent aisément embrigader. Les sentiments les gouvernent plus que la raison ; les slogans et les raisonnements simplistes sont pour elles plus décisifs que les fines analyses et les preuves étoffées. Le peuple ovationne aujourd'hui tel dictateur ; il applaudira demain, avec la même sincérité et la même inconscience, le nouveau dictateur qui l'aura « libéré ».

Ainsi donc, inviter le peuple à se prononcer, ce peut être, tout aussi bien qu'un geste authentiquement démocratique, une habile stratégie pour asseoir un pouvoir autocratique ou pour imposer, sans en avoir l'air, une décision déjà prise. Entre le référendum démocratique et le référendum démagogique, la différence réside dans le degré de respect qu'on a pour les citoyens et pour leurs capacités intellectuelles, et cette différence se mesure concrètement par la quantité et la qualité des efforts consentis pour éclairer le choix des réponses et pour diminuer le plus possible, dans ce choix, la part des émotions et du risque. En saine démocratie, un référendum est en même temps un magnifique projet d'éducation populaire. La stratégie référendaire n'est pas autre chose qu'un programme pédagogique.

La démocratie, comme le concept d'éducation permanente, repose sur le postulat que le peuple n'est pas fatalement une masse grégaire, sensible aux seules impulsions des instincts primaires, incapable de jugement critique et de décisions rationnelles. Le peuple est cela seulement quand on renonce à l'informer adéquatement et à pousser son éducation politique, soit parce qu'on lui dénie a priori des possibilités d'éducation, soit parce qu'on veut justifier l'aristocratie ou le « despotisme éclairé », et en faciliter l'exercice. Les purs démocrates font le pari qu'en lui fournissant les moyens et le temps, l'homme de la rue, traditionnellement laissé pour compte et manipulé, est capable d'acquérir les connaissances, les habiletés et le discernement requis pour prendre part avec clairvoyance et profit aux décisions qui le concernent.

Il s'agit maintenant pour le peuple québécois de décider de son avenir constitutionnel. Le temps n'est plus, heureusement, où les princes entre eux se partageaient les royaumes et leurs silencieux sujets. De même, on hésiterait aujourd'hui, de ce côté-ci de la planète, à régler cette question par le sort des armes : c'était bon pour le XIXe siècle. De nos jours, au Canada et au Québec, le plus loin que les chefs politiques se permettraient d'aller dans le mépris des citoyens, ce serait d'acheter les votes ou d'enlever par ruse le support de la majorité. Notre conscience démocratique tolère encore assez bien les victoires électorales remportées par les professionnels de la manipulation populaire. Nous acceptons encore, sans trop nous scandaliser, que des experts en marketing soient embauchés pour nous vendre un premier ministre ou un choix politique, comme pour nous faire préférer une nouvelle marque de détergent.

Reste la façon démocratique, et sans doute la plus morale, de décider de l'avenir constitutionnel du Québec : dire clairement au peuple les principaux choix qui s'offrent à lui, l'informer des avantages, des inconvénients et des risques de chaque option, l'inviter ensuite à choisir librement, selon ce que lui dicte sa raison, non ses impulsions premières. C'est là une démarche que beaucoup vont rejeter, en pratique, comme naïve et politiquement suicidaire. Mais l'adopter, consentir aux efforts nécessaires pour qu'elle atteigne ses objectifs, ce ne serait pourtant que la mise en pratique des beaux principes que tout le monde professe aujourd'hui concernant les droits politiques du citoyen et le devoir qui, en retour, incombe à la cité de se faire éducative.

L'éducation populaire, dont on parle tant, n'est pas seulement cours de culture populaire, ou d'horticulture, ou d'économie domestique. Elle n'est pas davantage, essentiellement, vulgarisation des programmes scolaires. Elle est avant tout éducation politique, politisation du citoyen, c'est-à-dire qu'elle tend d'abord à rendre le citoyen de plus en plus responsable de sa vie en société, de plus en plus participant aux décisions qui l'affectent, de plus en plus conscient de la complexité des choix qu'on lui propose. Et c'est dans l'exercice même de ses droits politiques, bien mieux que par cours du soir, qu'un citoyen fait son éducation politique.

Voilà pourquoi le prochain référendum, si on le veut bien, sera un précieux instrument d'éducation populaire et de promotion collective. Si on le veut bien, et si on a le courage de s'en donner les moyens. En effet, tout projet éducatif, surtout quand il ne s'adresse pas à l'élite traditionnellement scolarisée, est une expérience incertaine, difficile de conception et de réalisation. Si l'aspect pédagogique du référendum est escamoté, ce sera peut-être, en définitive, bien moins par malhonnêteté politique que par manque d'audace, de temps et de compétence.

Il faut d'abord se donner le temps de formuler clairement la question qu'on va poser aux Québécois. C'est là une condition préalable : on ne saurait se préparer à donner une réponse intelligente à une question ambiguë. Et pour que la question soit claire, les termes utilisés doivent avoir une signification précise, qui soit la même pour tout le monde. Mais allez donc fabriquer une bonne question quand vous avez à manipuler des mots comme « indépendance », « souveraineté », « association », « fédéralisme », « fédéralisme renouvelé » ! Solide défi, puisqu'il s'agit là de termes dont les définitions sont non seulement tout entières à construire, mais encore à négocier. Si, à la rigueur, le Québec peut bien définir tout seul « indépendance » ou « souveraineté », il a cependant besoin d'Ottawa pour définir avec autorité « association » et « fédéralisme renouvelé ». C'est dire que le gouvernement du Québec ne porte pas seul la responsabilité de poser une question claire aux Québécois. C'est dire aussi que le libellé de la question ne sera pas l'œuvre des seuls pédagogues... Ce serait déjà méritoire qu'on pense à demander leur avis.

Des propositions sans pièges ni obscurités, des options nettement caractérisées, voilà du matériel pédagogique de première nécessité. Viennent ensuite les documents d'accompagnement : des études qui décrivent la situation actuelle et qui exposent les conséquences possibles et probables de chacune des options. Il faut sans doute accepter d'avance que la plupart de ces études n'aboutiront pas à des conclusions certaines, qu'elles seront sujettes à diverses interprétations, qu'aucune d'elles ne va imposer scientifiquement une option plutôt qu'une autre. Une décision politique, même éclairée, demeure souvent, sinon toujours, un choix entre deux risques. Si les études sont bien faites, elles ne diront pas au citoyen comment voter, elles l'aideront plutôt à discerner les valeurs affectées par sa décision, à pondérer ou à hiérarchiser ces valeurs, à prévoir la nature et l'ampleur des modifications qu'elles vont subir suivant les diverses options. Chacun choisira, au bout du compte, selon sa propre échelle de valeurs. Il pourra, par exemple, opter pour une proposition plus ou moins désastreuse sur le plan économique, s'il estime, en revanche, faire des gains sur un ou plusieurs plans à son avis prioritaires. En somme, la préparation du référendum aurait parfaitement atteint ses objectifs pédagogiques si, à l'ouverture du scrutin, le Québécois moyen connaissait aussi bien ou pas plus mal que ses ministres l'enjeu de son choix.

Mais cela est-il possible ? À supposer qu'on ait l'honnêteté, la compétence et le temps de préparer la documentation nécessaire pour éclairer l'enjeu du référendum, est-ce un objectif réaliste de

Le référendum et l'éducation populaire

communiquer ce savoir à l'homme de la rue ? Il faut répondre oui, malgré les énormes difficultés de l'entreprise, et malgré les possibilités d'échec, si on croit sincèrement que l'éducation populaire est autre chose qu'une utopie à la mode du jour ou qu'une nouvelle façon acceptable de meubler ses loisirs. En éducation populaire, comme en éducation spécifiquement scolaire, le principal défi que doit relever le pédagogue, ce n'est pas de préparer sa documentation, c'est de la communiquer efficacement à d'autres personnes inégalement intéressées et disponibles, diversement douées et préparées. L'éducation populaire n'a pas eu, elle, la chance de développer sa pédagogie : elle est jeune et on ne la prend pas encore au sérieux. Depuis les débuts de la civilisation, on a consacré bien plus de temps et de ressources à développer des techniques pour hypnotiser et entraîner le peuple que pour l'instruire. Encore aujourd'hui, les spécialistes en manipulation populaire sont considérés avec plus de respect que les pédagogues et continuent de se faire voir comme indispensables dans l'entourage des hommes politiques les plus démocrates. Malgré tout, les conditions sont meilleures que jamais pour espérer que la préparation au référendum devienne une expérience pédagogique de grande envergure.

La documentation sera là, à la disposition des gouvernants et des élites instruites. Comment faire descendre ces savantes études dans la rue ? Comment les rendre profitables, éclairantes, pour le monde ordinaire ? À ces questions, il n'y a pas encore de réponses certaines. Beaucoup d'hypothèses sont à vérifier. Beaucoup de méthodes restent à inventer et à tester. Ce serait précisément l'objet d'une belle expérimentation pédagogique.

D'abord, comment faire pour que le peuple ait le goût de s'informer ? Pour qu'avant de choisir entre des options constitutionnelles, il *ressente le besoin* de se renseigner le plus possible sur leurs conséquences politiques, économiques, sociales, culturelles ? C'est le premier élément à considérer dans l'élaboration d'une stratégie pédagogique. L'intérêt précède la connaissance. L'animation doit précéder l'information, autrement l'information ne se rend pas. On l'a amplement vérifié. Vers cette œuvre de sensibilisation, je dériverais volontiers les talents de nos fabricants d'opinion. Ces gens-là ont fait la preuve qu'ils pouvaient modifier les comportements et créer chez un vaste public des besoins artificiels ; ils réussiraient sans doute, s'ils en recevaient la commande, à faire ressentir les besoins qui sont réels.

Jean-Guy Nadeau 23

Alors le Québécois moyen, non plus seulement ses députés et ses leaders traditionnels, exigerait qu'on lui révèle le contenu des études provoquées par le référendum et qu'on en débatte les conclusions avec lui. À ce moment, les pédagogues dont on aurait besoin seraient avant tout des spécialistes de la communication. On ne diffuse évidemment pas telle quelle au monde ordinaire une savante étude qu'un spécialiste a faite sur, par exemple, l'impact économique de l'indépendance du Québec ou sur les formes possibles d'association entre États souverains. Il n'y aurait d'ailleurs pas moyen plus sûr d'étouffer la curiosité populaire. Même les chefs d'État, quand ils sont profanes en la matière, se paient des conseillers pour rendre digestibles ces sortes de documents, pour en dégager l'essentiel, en expliquer davantage les points obscurs, ou simplement pour les traduire en langage de tous les jours. Ce qu'on fait pour les princes, on pourrait aussi bien le faire pour le peuple. Ce ne serait pas insulter l'intelligence populaire; ce serait, au contraire, la respecter.

Or, quand il s'agit de diffuser, de vulgariser, de rendre attrayante la documentation qui va préparer le citoyen à répondre intelligemment au référendum, il n'y a pas de meilleurs instruments que les média de masse, ni de pédagogues mieux préparés que les journalistes professionnels. Ces derniers invoquent le droit du public à l'information pour avoir accès aux sources de renseignements et liberté de tout publier. En vertu du même droit, le public peut bien se mettre à exiger des journalistes qu'ils s'ingénient plus souvent à lui faire connaître et comprendre les documents que s'échangent entre eux les maîtres de la politique et de la science.

Si le peuple québécois possède toutes les données qui sont mises en jeu par le référendum, la campagne référendaire aura des chances d'être autre chose qu'une compétition de roublardises entre deux états-majors, comptant sur la naïveté populaire et sur la puissance des sentiments pour faire marcher les foules. La campagne référendaire prendra plutôt la forme d'un vaste colloque où, à partir de données communes et vérifiables, s'affrontent diverses interprétations de la réalité et diverses appréciations de ce qui devrait être. Des colloques comme celui-là complètent l'éducation du peuple. Le citoyen ordinaire apprend ainsi, comme le savant, que le réel est complexe, qu'il existe peu de vérités éprouvées et beaucoup d'hypothèses, qu'une sage décision, quand il faut décider, n'est jamais plus qu'un risque calculé. Il se politise et se protège en même temps du fanatisme et de l'embrigadement inconditionnel.

Le référendum et l'éducation populaire

C'est à ce degré de lucidité et de liberté que l'éducation populaire ambitionne d'élever tous les citoyens, en mettant à contribution toutes les ressources éducatives de la cité et en parlant des pratiques démocratiques quotidiennement vécues. Projet ambitieux, qui va se réaliser lentement, comme la démocratie.

À cause de sa vertu mobilisatrice et de la complexité exemplaire des questions qu'il soulève, le prochain référendum offre une occasion exceptionnelle d'expérimenter et de faire progresser une forme d'éducation que l'on dit promise à un bel avenir. Il ne faudrait pas manquer cette chance. Les résultats immédiats ne justifieront pas, sans doute, les ressources investies. Mais qu'à ce stade expérimental où se trouve l'éducation populaire, on soit aussi indulgent et généreux qu'on l'a été, depuis toujours, pour l'éducation traditionnelle.

CONCURRENCE ENTRE LES PARTIS AUPRÈS DE L'ÉLECTORAT

Réjean Pelletier

Réjean Pelletier est professeur agrégé au Département de science politique de l'Université Laval de Québec. Détenteur d'un doctorat de troisième cycle en études politiques de l'Université de Paris I, il a publié deux volumes : Les militants du R.I.N. *(Éditions de l'Université d'Ottawa, 1974), et* Partis politiques au Québec *(Éditions Hurtubise HMH, 1976), avec des articles dans des revues spécialisées et dans des ouvrages politiques. Ses recherches actuelles portent sur les partis politiques de la société québécoise depuis 1960.*

Si l'éthique s'intéresse aux relations d'un individu avec d'autres individus en s'appuyant sur un ensemble de valeurs destinées justement à comprendre et à définir ces rapports des hommes entre eux [1], il est certain que, dès que l'on pose l'existence d'une société politique, on pose en même temps le problème de rapports éthiques à l'intérieur de cette société.

On peut étendre cette signification éthique à des rapports entre groupes — comme les partis politiques — au sein d'une telle société en faisant appel à certaines valeurs qui doivent fonder leurs actions. Ces valeurs définissent ce qui est bien et ce qui ne l'est pas dans la conduite humaine et font ainsi référence à l'influence que l'on peut avoir sur d'autres personnes et au choix conscient des fins et des moyens pour y arriver. En ce sens, toute communication humaine implique des problèmes éthiques. Ainsi en est-il de la communication que les partis politiques entretiennent entre eux et avec l'électorat qu'ils cherchent à convaincre.

Tout parti, en effet, non seulement cherche à conquérir le pouvoir politique, mais remplit aussi une fonction pédagogique : il propose une analyse d'une situation donnée, cherche des explications à certains problèmes et offre des solutions de façon à éclairer les conditions du débat politique, même si la façon d'aborder les problèmes et les types de solutions proposées reposent le plus souvent sur l'idéologie même du parti.

Le prochain référendum sur l'avenir politique du Québec devrait normalement porter sur les termes de la souveraineté-association, ce qui correspond au premier engagement du Parti québécois dans son programme, soit de « réaliser la souveraineté politique du Québec par les voies démocratiques et proposer au Canada une association économique mutuellement avantageuse » [2]. De même, « la » question posée devrait reprendre le contenu de cette option politique [3].

Ce sera alors l'occasion pour chaque parti de déployer son arsenal de propagande afin de convaincre l'électorat québécois du bien-fondé de ses propres propositions. Ce faisant, les partis établiront des réseaux de communication avec cet électorat et utiliseront différents moyens pour le convaincre, ces moyens s'inscrivant dans un cadre d'action déjà défini sur le plan juridique et dans une arène politique présentant des caractères particuliers.

Le cadre d'action

L'affrontement des partis politiques dans l'arène électorale s'inscrit dans le cadre de certaines règles du jeu qui imposent des contraintes aux participants. Ces contraintes influencent en même temps les choix et les décisions qu'ils vont prendre, tout en tenant compte des autres partenaires ou des adversaires qui s'affrontent sur ce terrain politique.

Lors de la campagne référendaire, les partis politiques devront tenir compte de la loi-cadre sur les référendums et se plier à un certain nombre d'exigences qui y sont contenues et qui permettent de bien définir les règles du jeu pour tous les participants. Comme le soulignait le ministre d'État à la réforme électorale et parlementaire, M. Robert Burns, lors du dépôt du projet de loi 92 sur la consultation populaire, le gouvernement s'est fondé sur deux grands principes qui ont inspiré son Livre blanc et qui sont repris dans le projet de loi, soit la volonté de doter le Québec d'une *loi organique* de la consultation populaire et celle de favoriser, par le biais du contrôle des revenus et des dépenses, une *égalité réelle* des chances entre les options en présence [4].

Ainsi, le gouvernement s'est refusé à présenter une loi qui ne servirait qu'au référendum sur l'avenir du Québec. Au contraire, il a voulu que le référendum devienne « un instrument permanent de notre vie démocratique afin de favoriser la participation directe des citoyens à la gouverne des affaires publiques » [5]. C'est pourquoi il a présenté une loi organique de façon à garantir la permanence et l'impartialité des règles du jeu et à permettre aux citoyens de se familiariser progressivement avec les procédures référendaires.

Mais c'est surtout l'application du deuxième principe concernant l'égalité des chances qui a soulevé de nombreuses objections tant chez les partis d'opposition que chez les différents groupes qui souhaitent participer activement au prochain référendum proposé par le Parti québécois.

S'appuyant sur le principe que le seul but d'une campagne référendaire est d'éclairer le mieux possible les électeurs sur les choix qui leur sont proposés, le gouvernement a souhaité que non seulement chaque citoyen puisse faire valoir son point de vue, mais aussi qu'il y soit aidé de deux façons : « d'abord en fournissant à chaque option un minimum de moyens matériels, de façon que ses partisans puissent faire valoir leurs arguments, et ensuite, en évitant que l'opinion des citoyens soit noyée sous un déluge de propagande orchestrée par ceux qui détiennent les pouvoirs d'argent » [6].

Pour atteindre cet objectif, la loi sur les consultations populaires stipule que les règles qui régissent les élections concernant les dépenses et le financement des partis politiques doivent aussi garantir la qualité du débat démocratique lors des référendums. C'est ainsi que la loi établit un contrôle des dépenses encourues pendant la campagne référendaire en fixant un plafond de cinquante (50) cents par électeur pour chaque option et prévoit de remplacer le remboursement des dépenses par une subvention de départ à chacune des options. D'une façon générale, ces règles semblent bien acceptées par les partis politiques actuels au Québec.

C'est plutôt le principe du regroupement obligatoire des partisans de chaque option sous l'égide de comités nationaux qui a soulevé le plus de controverses et les plus vives oppositions. Du côté gouvernemental, l'établissement de ces organismes-parapluie avait pour but de déterminer clairement une organisation qui serait responsable du contrôle des dépenses et des revenus et surtout de permettre aux électeurs « de recevoir un message plus clair et de percevoir plus nettement les différences entre les options ».

Chez les partis d'opposition et, en particulier au Parti libéral du Québec, on s'est opposé au caractère obligatoire et coercitif des « comités-parapluie » en s'appuyant sur le principe de la liberté de chacun de participer comme il l'entend à la campagne référendaire. « Chaque citoyen, groupe ou parti politique, écrit le Parti libéral du Québec, a le droit inaliénable de participer librement à la campagne référendaire. Il a le droit de se réunir avec qui il veut, il a le droit de déterminer lui-même sa conduite, il a le droit de dire ce qu'il veut et d'adopter le type et le style d'action de son choix » [7].

Il existe donc, dès le départ, des oppositions très nettes entre le Parti québécois et le Parti libéral du Québec — qui se présentent déjà comme les deux principaux protagonistes du débat — sur certaines règles du jeu établies par la loi 92. Ces oppositions reposent sur des principes en apparence inconciliables, soit d'un côté la volonté de protéger la liberté individuelle, même au risque de favoriser une certaine forme d'inégalité, et de l'autre la volonté d'assurer l'égalité des chances entre les options en présence, même au risque de contraindre les libertés individuelles.

Le lieu d'action

La lutte que se livreront les partis politiques lors du prochain référendum sur le statut constitutionnel du Québec va aussi se dérouler dans une arène politique qui peut être définie par la situation concurrentielle des partis dans cette arène et par le poids de chacun face à un adversaire potentiel. En d'autres termes, le lieu du combat politique peut être assimilé à la structure de marché sur le plan économique, ce qui permet d'apprécier les stratégies des partis face à un électorat à convaincre et à conquérir.

À l'heure actuelle [8], le marché politique québécois n'est certainement pas un marché monopolistique ou fermé [9] où un seul parti

Concurrence entre les partis

se taillerait une position dominante en étant non seulement le plus connu (effet de notoriété en publicité), mais aussi le plus accepté ou le plus suivi (effet d'utilisation) sur le plan des idées et des suffrages. Ni le Parti québécois au pouvoir, ni le Parti libéral, son principal concurrent, ne peuvent prétendre détenir une telle position dans l'arène politique québécoise, d'autant plus qu'il n'y a pas nécessairement d'effet positif entre la notoriété et l'utilisation. En effet, un parti peut être très bien connu — ce qui est le cas du Parti québécois par exemple — sans pour autant être suivi. En d'autres termes, la notoriété peut coïncider avec un sentiment d'hostilité plus ou moins net, ce qui est le cas d'un bon nombre d'électeurs qui s'opposent fermement à toute forme d'indépendance pour le Québec.

La situation s'apparente plutôt à celle d'un marché « duopolistique » ou saturé, où deux grands partis (le P.Q. et le P.L.) se partagent l'essentiel du marché de sorte que la situation est plutôt défavorable pour les autres partis (l'U.N. et le R.C.). Une telle situation se trouve en même temps renforcée par les règles du jeu définies précédemment puisque les différents participants au prochain référendum devront se regrouper sous deux organismes-parapluie. Il est à prévoir que le Parti québécois et le Parti libéral seront les maîtres d'œuvre de chacun de ces organismes de sorte que l'Union nationale et le Ralliement créditiste sont déjà condamnés à ne jouer qu'un rôle secondaire dans cette lutte. D'ailleurs, cette situation de marché duopolistique correspond bien aux résultats des plus récents sondages [10] où le P.Q. et le P.L. se partagent les faveurs de la plus grande partie de l'électorat québécois.

Une telle structure du marché pose évidemment un problème particulier au Parti libéral du Canada qui intervient déjà massivement dans le débat constitutionnel et qui voudra certainement participer d'une façon active au référendum sur l'avenir politique du Québec, sinon prendre lui-même la tête du mouvement d'opposition au projet péquiste. Mais les règles du jeu déjà fixées et la structure actuelle du marché politique lui interdisent pratiquement de satisfaire ces ambitions, à moins que le Parti libéral du Québec accepte de ne servir que de façade au Parti libéral du Canada dans le débat constitutionnel, ce qui m'apparaît hautement improbable avec le leader actuel du P.L.Q. et ce qui serait catastrophique pour ce parti sur le plan électoral.

Ainsi, lors du prochain référendum, le débat devrait se dérouler entre les deux grands partis politiques — le Parti québécois et le

Parti libéral du Québec — qui se partagent déjà le marché politique et qui devront se conformer à des règles du jeu bien définies que récuse, en partie, l'un des deux principaux protagonistes.

Les moyens d'action

L'utilisation de différents moyens d'action au cours de la campagne référendaire pose un problème éthique important : la fin recherchée justifie-t-elle les moyens employés ? En d'autres termes, est-ce que la volonté d'atteindre une fin qui paraît désirable et bonne en soi justifie l'utilisation de techniques qui ne répondent pas à des critères éthiques ? Il est, en effet, reconnu que les moyens de communication ou de persuasion employés peuvent avoir un impact sur celui qui reçoit le message au-delà de la fin elle-même recherchée par le communicateur.

Mais il faut aussi reconnaître qu'un moyen considéré en lui-même n'est qu'une technique qui n'a pas de valeur éthique intrinsèque. Cette valeur provient plutôt de l'usage que l'on en fait en vue d'atteindre une fin déterminée. Ainsi, une fin louable ne peut justifier une utilisation des moyens qui ne répond pas à des critères éthiques. Il faut donc évaluer la signification éthique d'un moyen à l'usage que l'on en fait, au-delà de la fin recherchée.

En outre, certains partis, surtout à caractère idéologique bien marqué, affirment ne pas utiliser les moyens du marketing politique en ce sens qu'ils ne cherchent pas à créer un besoin, comme pourrait le faire la publicité en lançant un produit nouveau, mais plutôt à répondre à un besoin réel au sein de la population. Cependant, même un parti à caractère idéologique a souvent recours à la publicité précisément pour diffuser ses idées ou son idéologie et même essayer de « vendre » ces idées auprès de l'électorat.

Il ne s'agit certes pas pour un parti de vouloir maquiller son idéologie et ses options politiques afin de se conformer à une image assez insipide qui correspondrait aux attentes de l'électorat, mais plutôt d'essayer de convaincre la plus grande partie de cet électorat que les idées que l'on défend sont à la fois les meilleures et les plus pertinentes dans une situation donnée.

Au cours du prochain référendum proposé par le Parti québécois, le débat devrait normalement se situer au niveau de la réflexion et de la responsabilité de chacun face à l'avenir du Québec plutôt qu'au niveau de l'emballage ou de la représentation extérieure du produit politique, ce qui n'exclut évidemment pas tout appel aux sentiments [11]. Cet appel à la réflexion et au sens des responsabilités vise à convaincre un public décisionnel bien précis, non pas celui des électeurs convaincus qui sont déjà favorables à un projet politique donné, ni celui des électeurs hostiles qui s'y opposent déjà fortement, mais celui des électeurs hésitants qui constituent ce que l'on a appelé le « marais » politique [12]. C'est ce groupe qui, en définitive, va sceller l'issue du combat.

Pour le convaincre, les partis politiques québécois vont employer différents moyens qui répondront ou non à certains critères éthiques selon l'utilisation qu'ils en feront. Je ne m'arrêterai ici qu'à trois moyens, soit la personnalisation du message, le langage et l'appel aux sentiments, sans chercher à savoir si chacun de ces moyens vise à persuader l'électeur de façon à influencer sa décision au cours de la campagne référendaire ou s'il s'inscrit dans le cadre d'une propagande bien orchestrée qui vise à « mouler l'homme et le monde sur un modèle unique et — bien entendu — supposé parfait » [13].

Il est à peu près certain que, lors de la prochaine consultation populaire au Québec, les partis politiques ne pourront faire abstraction d'un phénomène qui, tout en étant fort ancien, est devenu de plus en plus important dans les sociétés modernes, soit la personnalisation de la lutte politique au niveau des acteurs eux-mêmes, en particulier des chefs de partis, par suite du développement des moyens de communication de masse.

C'est ainsi que certains commentateurs ont déjà parlé de l'affrontement Trudeau-Lévesque comme si tout devait se jouer entre ces deux chefs seulement. Il faut aussi compter désormais sur l'entrée en scène de Claude Ryan qui vient changer fondamentalement les données du combat depuis qu'il a été élu à la tête du Parti libéral du Québec. Avec la situation d'un marché duopolistique, l'attention sera fixée de plus en plus sur le duel Ryan-Lévesque, de sorte que les interventions en provenance du gouvernement fédéral seront le plus souvent médiatisées, pour ne pas dire transformées, par l'un ou l'autre des deux principaux protagonistes. En d'autres termes, Claude Ryan pourra, s'il le veut bien, servir de relais aux messages du premier ministre fédéral auprès de la population québécoise. Mais il est probable qu'il cherchera plutôt à transformer, amender, réin-

terpréter ou refuser les propositions constitutionnelles du gouvernement Trudeau de façon à définir clairement, pour le Parti libéral
du Québec, le contenu véritable d'un fédéralisme renouvelé qui soit
acceptable à une majorité de Québécois.

Pour le moment, la situation ne s'est pas vraiment décantée au
sein de la population québécoise de sorte que trois chefs politiques
— Ryan, Lévesque et Trudeau — semblent capables de répondre à
ses aspirations [14]. Dans l'avenir, il est probable que le débat se
limitera aux deux principaux protagonistes sur la scène québécoise
de sorte que s'opposeront les thèses de la souveraineté-association
présentée par le Parti québécois et du fédéralisme renouvelé soutenu
par le Parti libéral du Québec. Cette dernière option devrait se
démarquer assez nettement des propositions de réforme du gouvernement fédéral qui seront plutôt assimilées à la formule du statu
quo.

Outre cette personnalisation du message par les principaux chefs
politiques, il faudra aussi tenir compte, dans le débat, du langage
qui sera employé par les acteurs en présence. L'utilisation du langage
ne peut être considérée comme complètement neutre. La sélection
de certains mots plutôt que d'autres exprime déjà les choix de celui
qui les communique. Par exemple, si un leader politique utilise le mot
« séparation » plutôt qu'« indépendance », il a déjà fait un choix
conscient qu'il communique à son auditeur, cherchant ainsi à l'influencer en tentant de lui faire croire que sa perception des choses
est la bonne. On peut donc sélectionner consciemment certains mots
parce que l'on croit qu'ils affecteront le comportement de ceux
auxquels ils sont destinés [15].

Il en sera de même, durant la campagne référendaire, si un
homme ou un parti politique utilise les mots « séparation » ou « indépendance » plutôt que « souveraineté-association » pour qualifier le
projet du Parti québécois. D'ailleurs, si l'on se fie aux données du
sondage de Radio-Canada déjà mentionné, on peut s'attendre à ce
que les partis d'opposition à la souveraineté-association, en particulier le Parti libéral du Québec qui se présentera comme le leader
de ceux-ci, utiliseront davantage les termes « indépendance » ou
même « séparation » pour marquer leur opposition au projet péquiste puisque ces termes qualifient des options qui sont largement
rejetées par l'électorat québécois. En effet, ce sondage révèle que
seulement 8% des électeurs se montrent favorables à l'option de

l'indépendance, alors que 21% optent pour la souveraineté-association [16]. Ainsi, en présentant l'option du Parti québécois comme étant essentiellement indépendantiste ou même séparatiste, on risque d'effrayer l'électeur qui se montre opposé à cette option constitutionnelle, mais qui serait plutôt prêt à approuver un projet préconisant non pas l'indépendance complète, mais la souveraineté politique du Québec assortie d'une association économique avec le reste du Canada. D'ailleurs, c'est à l'option de l'indépendance que les électeurs se montrent le moins favorables (dans une proportion de 69%), alors que seulement 2% se disent le moins favorables à l'option souveraineté-association [17].

À l'inverse, dans l'autre camp et en particulier au Parti québécois, on sera probablement tenté d'assimiler la formule du fédéralisme renouvelé au statu quo en arguant que ce que l'on présente comme un renouvellement du fédéralisme canadien ne change absolument rien à la situation présente et que ceux qui utilisent une telle formule trompent l'électorat puisqu'ils ne préconisent que des réformes de façade. Ce faisant, ils essaieront de convaincre une bonne partie de ces électeurs (44%) qui appuient l'option du fédéralisme renouvelé en leur faisant croire qu'ils rejoignent ainsi les partisans du statu quo (17% selon le sondage de Radio-Canada), d'autant plus que cette dernière formule est, après l'indépendance, l'option à laquelle les citoyens se disent le moins favorables (16%) [18].

Ainsi, lors de la campagne référendaire, les mots risquent de devenir des instruments pour atteindre les buts plus ou moins avoués que se sont assignés les différents partis politiques plutôt que des moyens de communication dans la recherche d'une certaine forme de vérité.

Bien plus, chaque parti politique voudra montrer que, à l'instar de ce qui se passe en publicité, le message en provenance du parti reflète une bonne connaissance du sujet. Les partis politiques sont toujours tentés de fournir des solutions à un problème donné en se fondant sur la « philosophie globale » du parti, même si cette réponse n'éclaire pas beaucoup la situation. En somme, un parti politique cherche souvent à donner l'illusion que, dans son programme et ses écrits ou dans les discours de ses chefs, il présente une réponse à tous les problèmes qui confrontent la société.

Il ne s'agit pas non plus, au cours de la campagne référendaire, de distordre les faits ou de manipuler les données afin de faire valoir sa thèse. Les partis politiques pourront être tentés par cette possibilité, surtout en entourant cette manipulation de toutes les apparences de la recherche scientifique. Répéter la querelle des comptes nationaux ne fera pas beaucoup progresser le débat puisque chacun essaie de justifier des bases de calcul qui ne sont pas identiques et que chaque méthode employée peut pratiquement fournir sa propre justification. En somme, les partis politiques devront, dans la sélection et la présentation des faits et des données concernant le référendum, donner l'occasion à chaque citoyen de bien évaluer la situation et de prendre une position qui s'appuiera sur un jugement réfléchi.

Dialogue du cœur et de la raison

Si le débat référendaire doit faire appel en premier lieu à la raison et à la réflexion, il ne peut toutefois faire abstraction de tout appel aux sentiments. Comme le rappelait le ministre Jacques Parizeau devant le Mouvement national des Québécois, l'indépendance n'est pas avant tout une question d'économie, mais bien une question d'émotion [19]. Il voulait signifier par là que l'on peut « raisonner » indéfiniment sur une situation pour essayer de bien la comprendre et que le problème de l'indépendance du Québec ne peut être ramené à une « querelle de gros sous ». Souvent, une bonne compréhension de la réalité passe par le vécu quotidien et toutes les « émotions » qu'il recèle, tant il est vrai que le cœur a ses raisons que la raison ne connaît pas.

En ce sens, lors du débat sur le référendum, les partis politiques vont certainement chercher à faire appel à l'émotion ou aux situations du vécu quotidien, au-delà de la « rationalité » des chiffres et de tout scénario possible pour la souveraineté-association ou le fédéralisme renouvelé, afin de convaincre l'électeur que ce qu'il propose ou ce qu'il dénonce ne peut toujours se comprendre et, plus tard, se vivre uniquement selon la froide logique de la raison.

Mais il ne s'agit pas de remplacer la critique par l'émotion de façon à faire accepter d'emblée et sans discernement ses propres points de vue. L'un des meilleurs tests auxquels on peut soumettre un projet politique, c'est celui de la critique. Ainsi l'électeur, au moment du référendum, doit être amené par les différents partis politiques à faire un choix libre, bien informé et critique face au projet proposé par le parti ministériel et au contre-projet appuyé par les partis d'opposition. Mais ce choix ne peut faire complètement abstraction de toute forme d'émotion, de sentiments ou d'engagement personnel dans le débat.

Il est certain que, dans la tradition nord-américaine, on considère avec suspicion l'expression ou l'utilisation de l'émotion et des sentiments dans les communications. Le danger, à mon sens, ne réside pas tant dans cet éternel dialogue du cœur et de la raison chez tout citoyen qui sera appelé à se prononcer lors du référendum, mais dans le *climat général* qui va entourer cet événement, climat créé par l'exploitation de la peur du côté des groupes et des partis d'opposition au projet péquiste et par la dénonciation de la trahison du côté gouvernemental. D'un côté, faire appel à l'instinct irrationnel de chacun devant la peur de l'inconnu de l'après-référendum et de l'autre évoquer la séparation manichéenne du loyal et du traître à la nation québécoise.

Une telle possibilité était évoquée par le ministre Claude Morin lorsqu'il déclarait que le référendum sera « une occasion historique de solidarité » pour tous les Québécois. Il ajoutait « qu'il va falloir que les gens décident quel gouvernement est important » et s'ils veulent que les décisions soient prises à Ottawa ou à Québec [20]. Ainsi formulée, la question du référendum ferait appel aux sentiments de solidarité et de loyauté à l'égard du Québec, ce qui laisserait de côté le contenu du projet de souveraineté-association. Les partis d'opposition crieraient certes à l'imposture devant une telle formulation de la question.

Un autre danger qui guette surtout les partis d'opposition, c'est celui de « l'appel négatif qui consisterait à mobiliser les individus *contre* un danger imminent — en l'occurrence le projet du Parti québécois — plutôt qu'*en faveur* d'une troisième voie ou d'un fédéralisme renouvelé, d'autant plus qu'il n'existe pas une seule troisième voie, mais un faisceau de « troisièmes voies » comme le soulignait déjà Gérard Bergeron [21].

Il deviendra ainsi difficile aux groupes d'opposition rassemblés sous un même organisme-parapluie à l'intérieur duquel le Parti libéral du Québec voudra jouer le rôle de leader, de préconiser une option constitutionnelle de rechange susceptible de rallier non seulement la population québécoise et même canadienne, mais avant tout les différents partis et groupes préconisant le « non » à la proposition du P.Q.

Que feront les partisans du statu quo — comme on en trouve encore plusieurs au sein du groupe anglophone du Québec — devant la formule du fédéralisme renouvelé préconisée par Claude Ryan et le Parti libéral ? Où se situera exactement l'Union nationale déchirée entre ses éléments nationalistes près du Parti québécois et ses politiciens traditionnels plus près du Parti libéral [22] ? À quelle enseigne logeront les différents groupes nés de la stupeur provoquée par l'élection du P.Q. ? Pour tous ces groupes, le seul véritable point de ralliement, c'est le « non » au projet de la souveraineté-association plutôt que le « oui » à une formule de fédéralisme renouvelé qui devrait être alors bien défini et bien articulé et qui se présenterait comme le contre-projet majeur à la proposition gouvernementale.

Si l'électorat québécois est appelé à se prononcer contre la souveraineté-association, il *doit* aussi savoir quelle sera la solution de rechange ou, en d'autres termes, quel sera l'avenir constitutionnel du Québec. À cet égard, les récentes propositions de réforme du gouvernement Trudeau sont nettement insuffisantes non seulement pour le Parti québécois, mais aussi pour le Parti libéral du Québec.

Conclusion

L'électeur n'est cependant pas passif face à toutes les tentatives de persuasion ou même de manipulation auxquelles il est soumis. Il retient en effet ce qui lui convient, c'est-à-dire ce qui vient habituellement renforcer son opinion préalablement établie et rejette tout aussi facilement ce qui lui déplaît. Ainsi, ceux qui sont déjà opposés à toute idée d'indépendance du Québec ne se laisseront pas facilement convaincre par la propagande du Parti québécois et seront plutôt portés à « laisser passer » le message du Parti libéral qui viendra ainsi renforcer leur propre conviction politique.

Ce sont plutôt les électeurs hésitants qui seront sollicités par les partis politiques. C'est en définitive ce « marais » politique formé de citoyens moins intéressés par la politique et ayant des options moins tranchées, que les partis vont essayer de convaincre au cours de la campagne du référendum. Ainsi, la campagne officielle peut avoir son importance en autant qu'elle permettra à l'électeur de connaître d'une façon plus précise le contenu véritable de la souveraineté-association et le contenu réel d'une troisième voie qu'il faudra bientôt définir.

Cette campagne référendaire, enfin, ne devrait pas être dénaturée au point que « la politique devienne un lieu où la façon de faire les choses et l'esprit dans lequel on les fait ont tout autant d'importance que ce qui est fait » [23]. En somme, les moyens utilisés et le climat général dans lequel va se dérouler la campagne du référendum ne doivent pas masquer le contenu réel des options en présence.

Notes

1. Voir Raymond Polin, *Éthique et politique*, Paris, Sirey, coll. Philosophie politique, 1968, pp. 101-103.

2. Parti québécois, *Le programme officiel et les statuts*, 1978, p. 7.

3. Ce qui n'exclut pas évidemment la possibilité de présenter une question « étapiste ». Gérard Bergeron a déjà analysé certaines formulations de questions dans *Ce jour-là... le référendum*, Montréal, éditions Quinze, 1978, pp. 221-230.

4. *Le Devoir*, 29 décembre 1977, p. 4.

5. Exposé du ministre Robert Burns, *Journal des Débats*, 1er novembre 1977, no 221, p. B-6888.

6. *Ibid.*, p. B-6889.

7. Cf. *Le Devoir*, 8 juin 1978, p. 1.

8. C'est-à-dire au moment où ces lignes sont publiées.

9. Ces concepts sont empruntés à Roland Muraz, « La relation U(N) » dans Monica Charlot, *La persuasion politique*, Paris, A. Colin, Dossiers U₂, 1970, p. 26.

10. Voir le sondage commandité par Radio-Canada et publié dans *Le Devoir*, 21 juin 1978, p. 9.

11. Voir, à ce sujet, la dernière section intitulée « Dialogue du cœur et de la raison ».

12. Cf. E. Deutsch, D. Lindon et P. Weill, *Les familles politiques aujourd'hui en France*, Paris, éditions de Minuit, 1966, 126 p.

13. Ces définitions de la persuasion et de la propagande sont tirées de Monica Charlot, *La persuasion politique*, p. 8.

14. Cf. sondage de Radio-Canada, *Le Devoir*, 21 juin 1978, p. 9.

15. C'est ainsi que l'on a pu parler de la dimension « sermonique » du langage. Voir Richard L. Johannesen, *Ethics in Human Communication*, Columbus, Charles E. Merrill Publishing Company, 1975, pp. 13-14.

16. Cf. *Le Devoir*, 21 juin 1978, p. 9. Cependant, associée au vote lors du référendum, cette dernière formule rallie 33% des répondants, dont 46% de francophones.

17. *Ibid.*

18. *Ibid.*

19. *Le Devoir*, 5 juin 1978, p. 2.

20. Voir l'interview qu'il accordait au journal *Le Soleil*, 8 juillet 1978, p. B-1.

21. Dans *Ce jour-là... le référendum*, p. 203.

22. Depuis la réunion du Lac-à-l'Épaule en juillet 1978, l'Union nationale semble avoir choisi pour le prochain référendum, la formule du fédéralisme renouvelé assorti du « nationalisme économique ».

23. David Riesman, *La foule solitaire*, Paris, Arthaud, 1964, p. 257.

VERS UNE NOTION NORMATIVE DE LA POLITIQUE?

Patrick Kerans

Patrick Kerans est professeur adjoint à la Maritime School of Social Work *de l'Université Dalhousie où il est titulaire des cours d'analyse des politiques sociales. Son intérêt principal est d'ordre méthodologique : de quelle façon les valeurs incluses dans une culture politique contribuent-elles à façonner les modèles analytiques ? Il est l'auteur de « Punishment Versus Reconciliation : Retributive Justice and Social Justice in the Light of Social Ethics in Canada », Peter Slater (ed.),* Religion and Culture in Canada, *Waterloo, The Canadian Society for the Study of Religion, 1977 ; « Distributive and Retributive Justice in Canada »,* Dalhousie Law Review *4 (1977) ; et* Sinful Social Structures, *Paulist Press, 1974.*

Pour l'étranger, la vie politique au Québec présente aujourd'hui un spectacle à la fois exaltant et prometteur. Prometteur, parce que les débats politiques, en ce qui concerne la souveraineté du peuple québécois, pourraient mener à des structures politiques informées par un souci de justice peu évident ailleurs en Amérique du Nord. Le référendum est en train de devenir un véhicule important aux discussions politiques et je me propose, dans le présent article, d'examiner cette promesse et d'en estimer la vraisemblance.

Afin de constater si la promesse pourrait s'avérer illusoire, je voudrais élaborer une notion normative du discours politique pour me demander ensuite si le référendum est un mécanisme apte à favoriser un tel discours.

Je propose à titre de principe général que la pratique politique d'une collectivité se reflète et se confirme dans le mode de son discours politique. L'idéologie ou structure mythique qui informe le consensus collectif impose des limites quant à ce qui peut passer pour un discours politique légitime. Ces limites imposées à la vie intellectuelle de la collectivité ont tendance, à leur tour, à mettre des bornes à ce que celle-ci peut estimer pratique ou réaliste dans sa vie politique.

Trois types de la paire « action-théorie » pourraient aider à l'analyse d'un événement comme le référendum. Je supposerai que la pratique politique de manipulation, celle, en effet, des démocraties libérales contemporaines, trouve sa légitimation dans les structures mythiques du libéralisme classique. Par contre, une pratique politique populiste telle qu'un référendum, la trouve, elle, dans la réflexion herméneutique. Les faiblesses historiques du populisme n'ont leur remède (c'est l'argument que je vais avancer tout à l'heure) que dans une pratique politique émancipatrice que seule peut valider une théorie critique soucieuse d'en éliminer les illusions et les aberrations idéologiques.

En général, les situations politiques naissent sous le signe de l'ambiguïté. Les limites imposées par les différents modes théoriques limitent en même temps la portée de l'ambiguïté. Si, par exemple, je vois les choses d'un point de vue défini par une pratique politique de manipulation, alors l'ambiguïté inhérente à la situation actuelle du Québec se limitera pour moi à une question essentiellement étrangère aux préoccupations de la collectivité québécoise, à savoir : les puissances anglophones et le parti libéral (s'il est au pouvoir) permettront-ils au Québec de prendre des décisions unilatérales ? Mais il y a d'autres ambiguïtés qui touchent à l'âme d'une collectivité et celles-là sont d'ordre moral surtout. Elles sécrètent, au gré de la vie quotidienne, des conflits de valeurs qui, brassés par l'histoire, semblent aboutir à la discorde intestine irrémédiable, ou bien à l'impasse politique. Pour y remédier ou pour en sortir, il faudrait un sens moral plus affiné que celui dont jusqu'alors une collectivité n'aurait voulu faire preuve. Ainsi, un discours politique qui s'adresserait effectivement à des ambiguïtés internes de ce genre se ferait sur un mode résolument moral.

Ce serait alors parler un langage qui, on le sait, porte rarement conviction, et qui convainc d'autant moins que c'est un étranger qui le parle. Voici une difficulté qui mérite qu'on y réfléchisse, car se prononcer sur la situation d'autrui — même sur invitation — confine à l'arrogance. Et je dois, me semble-t-il, reconnaître sans plus ma qualité d'étranger. Même si l'histoire a mis en contact francophones et anglophones, dans ces territoires qui depuis quelque temps déjà s'appellent le Canada, cela n'entraîne pas, pour les anglophones *comme tels*, le droit d'avoir voix au chapitre dans les débats soulevés par la question de la souveraineté québécoise. Réclamer ce droit, ce serait préjuger la question en faveur de la continuation du Canada sous une forme ou sous une autre. En outre il n'y a pas, que je sache, un quelconque droit prescrit par l'histoire et qui permettrait aux anglophones d'avoir leur mot à dire, car on pourrait soutenir que les dispositions historiques qui ont donné naissance au Canada sont en fin de compte injustes. Pour parler en anglophone, il me faudrait développer de longs arguments pour prouver que j'en ai le droit. Je doute que des arguments valables puissent être faits ; je n'ai certainement, pour ma part, aucune envie d'en faire.

Si j'ai accepté l'invitation des éditeurs de ce Cahier, c'est qu'il peut se présenter parfois des occasions où un étranger, du seul fait qu'il est étranger, pourrait peut-être éclairer un peu les acteurs d'une situation ambiguë. L'occasion se présenterait par exemple si, entre l'expérience de l'étranger et la situation en cause, on pouvait établir un parallèle utile.

Un peu d'autobiographie d'abord : je suis natif des Prairies et j'ai, un peu malgré moi, hérité du populisme des Prairies. Il se peut même que cet héritage m'aveugle, que j'aie beau analyser une situation, toujours est-il que je n'arrive pas à me dégager d'une perspective populiste. Il me semble toutefois qu'on peut établir un parallèle instructif et significatif entre la réaction populiste des cultivateurs des Prairies devant leurs circonstances historiques et la réaction nationaliste des Québécois devant les circonstances qui sont leurs.

Référendum et populisme

Le parallèle que je veux établir n'est pas invraisemblable car, historiquement, le référendum et le populisme sont étroitement associés.

Patrick Kerans   43

Le populisme est un mouvement originaire des Prairies de l'Ouest, tant des États-Unis que du Canada. D'abord un mouvement de protestation chez les cultivateurs, le populisme se comprend mieux si on y voit surtout une protestation de la part des petits producteurs indépendants. Ceux-ci protestaient avant tout contre leur situation économique et, à mesure que cette situation évoluait, leur protestation changeait de forme. Aux États-Unis, pendant les années 1880 à 1890, le problème fondamental de tous les petits producteurs c'était la rareté des espèces, conséquence de l'étalon-or. Le petit producteur typique est débiteur ; même s'il n'est pas grevé d'une hypothèque ou d'autres dettes capitales, il lui faut des emprunts à court terme pour financer ses opérations entre les récoltes. La rareté des espèces profite au créancier et nuit au débiteur. Aux premiers temps des Prairies canadiennes, les cultivateurs éprouvaient du mal à se faire payer leur blé au juste prix et ils en voulaient aux fabricants de machinerie agricole de l'Ontario dont les prix étaient gonflés par des tarifs douaniers protecteurs. Pendant les années 1930, accablés par la sécheresse et une baisse désastreuse du prix mondial du blé, les cultivateurs se sont révoltés contre le fardeau écrasant de leurs dettes. Pendant toute cette période, on protestait régulièrement contre les taux différentiels de transport du fret qui permettaient de transporter 100 lb de Toronto à Vancouver à un taux inférieur à celui en vigueur pour 100 lb transportées de Régina à Vancouver.

Mais quels que soient les traits particuliers de la protestation, celle-ci obéit à un critère général qui en fait un phénomène populiste caractérisé. Le populisme situe la source de ses problèmes dans des régions géographiques extérieures à celle habitée par les protestataires. Historiquement, l'ennemi ce furent les « gros intérêts », c'est-à-dire les institutions financières, les fabricants de machinerie de l'Ontario et les chemins de fer. Encore aujourd'hui, il se trouve dans l'Ouest du Canada des gens à qui une analyse axée sur l'opposition est-ouest suffit pour tout expliquer [1].

Qu'est-ce qui rend vraisemblable cette analyse fondée sur le facteur géographique ? C'est que la collectivité où l'analyse est acceptée comme valable est un groupe homogène. Les questions qui divisent la collectivité sont loin d'avoir l'importance de celles qui rallient la collectivité face aux éléments étrangers.

Ainsi, un trait perdurable du populisme c'est la méfiance à l'égard de la politique partisane. Puisque la solidarité collective

Vers une notion normative de la politique ?

trouve son assiette dans la perception commune des questions fondamentales, toute insistance sur un système bi ou multi-partisan est interprétée comme une tentative, de la part des intérêts étrangers, pour diviser une collectivité par ailleurs unie [2]. Plutôt que la politique partisane, c'est la « démocratie de groupe » ou la « démocratie par délégation » qu'on cherche à encourager. Plutôt que des circonscriptions définies par la géographie, c'est un corps électoral correspondant au groupe professionnel qui semble plus conforme aux besoins. Les élus ne seraient donc pas des représentants (dans le sens voulu par Edmund Burke) élus pour exercer leur jugement. Ils seraient au contraire des députés ayant un mandat spécifique défini, lors de conventions politiques tenues régulièrement.

Ces sentiments ont donné lieu à deux institutions — le référendum et le rappel. Ceux-ci permettent aux électeurs de veiller à ce que non seulement leurs députés votent selon la consigne mais aussi qu'ils aient sur les questions les mêmes idées que ceux qui les avaient mandatés. Encore aujourd'hui, dans plusieurs des États américains où le populisme était une force vivante, il est possible à l'électorat, si un nombre suffisant d'électeurs le veut, d'obliger la législature à soumettre certaines questions au grand public par voie de référendum [3]. Le « rappel » permet aux électeurs de rappeler un député qui n'aurait pas respecté les termes de son mandat : beaucoup de candidats progressistes élus à la Chambre des Communes en 1921 avaient, dès leur élection, signé une lettre de démission ; les membres exécutifs de leur circonscription n'avaient qu'à dater cette lettre pour qu'elle prenne effet.

Lebenswelt et populisme

À première vue, il semble y avoir peu de similitude entre la législation créant un référendum populiste et celle qu'a produite le Québec. Il est vrai que toutes deux ont une origine distincte et, puisque le référendum au Québec n'aura lieu qu'à titre consultatif, il y a une différence importante quant aux obligations qui en découlent. Il est aussi assez évident que la direction du P.Q. ne montre pas de tendances populistes, c'est ce qui se constate d'après son comportement lors des assemblées du parti depuis la prise du pouvoir. Quoi qu'il en soit, je dirais que la stratégie politique du P.Q. est essentiellement populiste. Pour appuyer cette affirmation je propose d'évoquer la vision conductrice du populisme et le rapport de celle-ci avec le mode herméneutique de la réflexion théorique.

Le populisme a contribué de façon définitive à une notion normative de la pratique politique. Les populistes, quelle que soit la forme prise par la protestation, ont toujours insisté sur un principe fondamental, à savoir que le processus politique devrait servir les intérêts du peuple *tels que le peuple lui-même entend ces intérêts*. Les débats politiques sont les problèmes auxquels les gens doivent faire face dans leur vie quotidienne. Les débats politiques devraient éclairer la vie populaire de tous les jours et en refléter les soucis quotidiens. Dans cette perspective, les débats des hommes politiques constituent un abus du pouvoir, lorsque ces débats ne servent qu'à masquer les préoccupations et les problèmes des gens, à n'en faire que des questions marginales et de peu d'importance.

De tous les divers modes théoriques, le mode herméneutique de la phénoménologie se trouve être la reconnaissance la plus sincère de ce principe. À l'encontre des modes positiviste ou behaviouriste de la science politique, le mode herméneutique ne suppose pas simplement que les questions présentées comme telles par les politiciens et les média soient effectivement les plus importantes. Indispensable au mode herméneutique, tel qu'on l'applique à la vie sociale et politique, est la notion du *Lebenswelt*, ce tissage de signification du monde que chaque individu, dès l'éveil de la conscience, doit accepter comme donné, mais que chaque individu, en intériorisant les valeurs, les rôles et les rapports qui constituent ce monde, aide à perpétuer. Cette vie-dans-le-monde est donc un produit social réalisé et perpétué par l'assentiment dynamique de ceux qui y participent [4]. La vie politique doit, au fond, être comprise comme un aspect de cette vie-dans-le-monde de tous les jours. La politique, en tant qu'activité humaine fondamentale, est la tentative permanente pour aménager un espace vital habité par des groupes supérieurs par le nombre au groupe formé par les rapports personnels. C'est une tentative permanente pour fonder des rapports publics stables, stables parce que chaque individu comprend que ces rapports publics lui permettent de survivre et de se réaliser. La vie politique est ainsi une tentative permanente pour structurer la vie-dans-le-monde de la collectivité de façon à fournir aux problèmes primordiaux, aux yeux des individus, une solution adéquate.

Ce n'est pas à dire que la politique doive être une affaire privée. La vie politique ne relève pas de la bonne volonté : l'obligation

Vers une notion normative de la politique ?

politique en est l'âme. Afin de survivre (matériellement et moralement), la collectivité doit assurer une stabilité favorable à la vie quotidienne et productive de normalité. À cette fin, la collectivité ne manquera pas de faire exécuter ses décisions ; ainsi que Locke l'observait : la politique décide de la vie et de la mort.

C'est précisément parce que la vie politique est publique, qu'elle est structurée et mise en œuvre par l'obligation politique, que la politique doit se pratiquer avec l'assentiment des dirigés. Cela ne veut pas dire, dans l'optique populiste, que des solutions soient recherchées aux problèmes que seul le dirigeant estime être les plus importants. Au contraire, reflet de la vie quotidienne des gens, la politique doit rechercher des solutions aux problèmes reconnus par l'expérience populaire comme les plus immédiats. Peut-être Merleau-Ponty a-t-il le mieux exprimé ce principe herméneutique qui insiste pour que la politique s'occupe des problèmes concrets de la vie quotidienne plutôt que des idées abstraites :

> Pour connaître et juger une société, il faut arriver à sa substance profonde, au lien humain dont elle est faite et qui dépend des rapports juridiques sans doute, mais aussi des formes du travail, de la manière d'aimer et de mourir. [5]

En parlant de la liberté il dit :

> ... qu'elle commence à être une enseigne menteuse, — un complément solennel de la violence — dès qu'elle se fige en idée et qu'on se met à défendre la liberté plutôt que les hommes libres. [6]

C'est dans ce sens plus général que je voudrais qu'on comprenne ce que j'ai appelé tantôt le caractère populiste de la stratégie politique au Québec. Le sentiment nationaliste s'intensifie au Québec depuis des années. Léon Dion l'a bien remarqué :

> ... au Québec, la plupart des idées-force convergent vers ce nationalisme traditionnel... Depuis l'élection provinciale de 1962 aucun parti politique n'a pu prendre et conserver le pouvoir au Québec s'il n'a pas adopté une position favorable au nationalisme... [7]

Le Parti québécois a fait de ce sentiment, si visible dans tant d'aspects de la vie quotidienne au Québec, sa préoccupation majeure. Il faudrait être bien aveugle ou solidement retranché dans une idéologie hostile aux soucis quotidiens du peuple pour ne pas comprendre la fierté ressentie par les Québécois le 15 novembre 1976, même par ceux qui n'avaient pas voté pour le P.Q.

Le référendum fait désormais partie intégrante d'une stratégie d'ensemble destinée à convaincre les Québécois et les étrangers que la souveraineté, en tant qu'expression politique des préoccupations et des sentiments populaires quotidiens, est à la fois « normale » et « inévitable », mots constamment sur les lèvres des dirigeants du P.Q.

Le libéralisme et la politique de manipulation

Je n'entends pas par politique de manipulation des stratagèmes conçus exprès pour tromper le monde, quoique ceux-ci existent sans doute. Il suffit d'évoquer une pratique politique qui aboutit effectivement à la manipulation sans que ce soit là un résultat voulu. On pourrait même dire qu'au sein de la tradition libérale, la manipulation correspond à une intention magnanime. Selon la philosophie politique libérale élaborée pendant deux siècles de Hobbes à Mill :

> ... le but d'une organisation politique n'est pas d'améliorer les hommes mais de les déployer ; non pas de modifier leur caractère moral mais d'aménager des institutions où les passions humaines se neutralisent ou se laissent détourner à leur insu vers le bien public. [8]

Dans cette optique, la politique est essentiellement un exercice technique ou esthétique, un aménagement des institutions tel que les actions humaines se conforment aux buts des dirigeants. Les dirigés, bien entendu, ne pensent rechercher que leurs buts particuliers ou, tout au plus, que des problèmes partiels.

Par politique de manipulation, j'entends donc une pratique politique menée par « ceux qui s'y connaissent », menée en principe pour le bien du peuple mais sans qu'il soit jamais question de consulter celui-ci pour déterminer quels problèmes sont prioritaires. La politique n'y est pas envisagée comme une obligation morale imposée au peuple entier. La pratique de manipulation ne lui accorde qu'une liberté restreinte : la liberté de choisir parmi des élites qui se donnent pour telles ; de choisir parmi des partis politiques qui combinent leurs projets sans se soucier des intérêts du peuple ; de répondre oui ou non de façon simpliste à des questions ayant peu de rapport aux vrais problèmes de la vie quotidienne.

La théorie libérale cherche depuis longtemps à légitimer cette pratique. L'universitaire Trudeau en énonce la doctrine fondamentale lorsqu'il insiste pour distinguer entre le nationalisme, en tant qu'état d'esprit émotif et en tant que « principes de saine administration » [9]. Ces principes abstraits, exempts de tout souci de la vie

Vers une notion normative de la politique ?

quotidienne du peuple, sont fondés sur l'utilité économique qu'on estime être l'unique source de la stabilité sociale et politique. Car si l'effort collectif du peuple est canalisé par un marché, qui fournit dès lors les critères décisionnels, il se produira le maximum de richesses et ces richesses seront la garantie de la paix civile.

Cette façon libérale de voir la stabilité politique est fondée sur une anthropologie qui voit dans l'homme un « consommateur d'utilités économiques » plutôt qu'un être capable de réaliser ses capacités innées. Quoi qu'on puisse penser, par ailleurs, de cette façon de voir, il semble raisonnable d'en condamner l'abstraction, l'étroitesse et l'inaptitude à donner un sens à aucun aspect de la vie quotidienne populaire sinon à celui qu'anime la motivation économique la plus plate.

C'est d'ailleurs dans ce contexte que se pose la question classique — stéréotype de l'incompréhension — « Que veut le Québec ? » La politique populiste, avec sa confiance herméneutique dans le quotidien, vaut mieux que la politique libérale de manipulation. Mais le problème critique demeure : est-ce se leurrer que de s'attendre à ce que, face à la politique libérale de manipulation, l'expression populiste du sentiment national puisse prévaloir ?

Politique émancipatrice et réflexion critique

Les processus de la politique devraient mener à l'émancipation. Si tous sont liés par les décisions politiques, les débats qui précèdent celles-ci devraient reconnaître les problèmes réels du peuple et y apporter des solutions efficaces. Les processus de la politique devraient donc mener à une vie meilleure, à une vie plus épanouie. Puisque personne n'a le droit de définir autoritairement pour autrui ce que devrait être la « vie épanouie » (car chaque être naît avec des talents et des capacités qui lui sont propres), et puisque la « vie épanouie » est à la fois une opportunité et une obligation morale auxquelles il n'est question de contraindre personne par la force, il semble que cette « vie épanouie » ne peut se définir utilement qu'en fonction de la liberté. Or, si du point de vue axiologique la liberté est le suprême bien et si, par contre, notre expérience constante de la vie en est une de contrainte, alors la vie politique, en tant que recherche collective de la « vie épanouie » devrait s'occuper avant tout de l'émancipation.

Patrick Kerans   **49**

Cet intérêt pratique que nous portons à l'émancipation demeure insuffisant s'il ne se double pas d'un intérêt épistémologique porté à la critique [10]. Les structures sociales que nous éprouvons comme des contraintes nous ferment la voie à la liberté soit parce qu'elles sont incomprises, soit parce qu'elles sont mal comprises. La spontanéité de la réaction humaine devant le monde (que nous font connaître nos proches en général) se caractérise par la confiance [11]. On a d'abord le sentiment d'être dans un monde qui nous est familier et compréhensible.

Mais ensuite on se heurte à la contrainte, on est bouleversé, ahuri ; c'est souvent la crise. Il y a, pour ainsi dire, une disproportion entre nos espérances naïvement spontanées à l'égard du monde quotidien et l'expérience réelle qu'effectivement nous en avons. Seule la réflexion critique peut résoudre la crise que produit cette disproportion. Je me permettrai ici, avant d'approfondir ce besoin de réflexion critique, de faire quelques remarques sur l'aptitude de la réflexion libérale ou herméneutique pour nous prémunir contre cette crise de disproportion.

Le mode même de la réflexion libérale supprime d'emblée la signification de cette disproportion puisqu'il n'admet pas la signification publique des espérances spontanées du peuple. La réflexion libérale porte plutôt à élaborer un ensemble de « principes de bonne administration », c'est-à-dire un ensemble de buts publics (dont surtout la croissance économique) qui visent à distraire le peuple des contraintes et des déboires de la vie quotidienne. (Voir la façon dont aujourd'hui on aborde le problème de l'inflation et du chomage.)

Le nationalisme populiste ou le mode de réflexion qui lui convient (et que je prétends être herméneutique) est-il une solution adéquate à cette crise de disproportion ? Si on en juge d'après l'histoire, ni le populisme du cultivateur de l'Ouest, ni celui des collectivités autrefois colonisées ne s'est avéré émancipateur. Le néocolonialisme a fourni matière à de nombreuses analyses probantes expliquant l'échec du nationalisme des nations émergentes. Si le populisme des Prairies fut inefficace, c'est parce que les populistes se sont laissé méduser par l'expérience de l'homogénéité qu'ils vivaient au sein de leur collectivité. Petits producteurs indépendants, ils se comportaient entre eux sur un pied d'égalité. Forts de cette expérience, ils ont cultivé une rhétorique de l'égalité et de l'indépendance qui les aveuglait sur deux aspects importants de leur situation d'ensemble. À cause de l'indépendance qu'ils vivaient relativement à leur propre milieu de travail et relativement au comportement réciproque entre voisins, ils ont exagéré leur indépendance réelle à l'égard du marché plus étendu dont ils étaient étroitement tributaires, tant pour vendre leur produit que pour se procurer la machinerie agricole indispensable à leurs opérations toujours plus complexes. Ce sens exagéré de l'indépendance les amenait à laisser hors de compte l'hétérogénéité de la collectivité qu'ils avaient identifiée comme ennemie : il ne leur venait jamais à l'idée qu'ils pouvaient avoir des alliés parmi les ouvriers salariés de l'Est industrialisé. Le C.C.F., né de la volonté d'opérer la jonction politique du cultivateur et de l'ouvrier, n'est jamais parvenu à persuader les cultivateurs hors de la Saskatchewan que cette alliance était une nécessité politique [12].

Comment les cultivateurs ont-ils si mal compris leur situation ? S'agit-il d'une simple erreur qu'une ré-interprétation aurait pu transformer pour atteindre une compréhension plus large ? Ou était-ce une aberration fondamentalement imbriquée dans la structure mythique constitutive de la vision du monde par laquelle les cultivateurs éprouvaient leur être-dans-le-monde ? En d'autres mots, l'erreur était-elle susceptible de se laisser corriger par les constatations empiriques, ou l'erreur était-elle génératrice d'une illusion quant à leurs rapports essentiels avec le monde — illusion que seule pouvait dissiper une réflexion critique aboutissant à l'acte caractérisé de *metanoia* ? En fait, convaincu qu'il était que sa relation avec « sa » terre était l'élément capital dans la définition de sa réalité, et convaincu par conséquent qu'il était foncièrement indépendant de ceux justement avec qui il avait le plus grand besoin de s'allier, le cultivateur de l'Ouest persistait dans une erreur fatalement rebelle aux démonstrations empiriques. Il fut victime de sa propre idéologie.

D'accord avec Habermas, je dirais en gros que le mode herméneutique, qui explique la conscience, est insuffisant pour résoudre la crise née de la disproportion entre la réalité et les espérances lorsque celles-ci sont faussées et dévoyées par l'idéologie. Au début de cet article, j'ai dit que la plupart des situations politiques sont doublement ambiguës : ambiguïté extérieure qui disparaît dès qu'on reconnaît l'intention des autres, et ambiguïté intérieure faite de conflits de valeurs que secrète le cœur même des acteurs. J'ai dit ailleurs que l'analyse de ce conflit de valeurs se ferait peut-être mieux

Patrick Kerans   51

dans le langage traditionnel du péché, du pardon et de la conversion [13].

Habermas a proposé une solution analogue (et plus efficace peut-être) dans le langage et les méthodes diagnostiques de la psychanalyse [14]. Il est clair cependant que d'après la façon dont il envisage la politique émancipatrice et la théorie critique, sa pensée repose sur une base morale. Il donne pour critère de l'action émancipatrice la mesure dans laquelle les intérêts servis embrassent la généralité des hommes. Les décisions politiques seront non répressives et libératrices dès lors que *tous* ceux qui en sont touchés peuvent, après en avoir amplement et ouvertement discuté, acquiescer en conscience à ces décisions [15]. Ce critère est un corollaire de la théorie de Habermas relative à la déformation systématique de la communication. Selon cette théorie c'est moins la force brute ou économique que la structure même du langage et son cadre mythique qui suppriment les intérêts des gens sans pouvoir. C'est ce qui explique, par exemple, que les travailleurs pauvres, qui pâtissent le plus des conditions du marché du travail, n'en sont pas moins parmi les plus ardents défenseurs de l'éthique du travail. Ces gens ne reconnaissent pas leur vrai intérêt ; leur expérience du déboire demeure donc opaque.

Le référendum : instrument de politique émancipatrice ?

J'ai posé deux questions au début de cet article. J'ai demandé quelle pouvait être la promesse offerte par l'intense vie politique du Québec et par le référendum. J'ai voulu esquisser ce que je pense être une notion normative de la vie politique. Je me suis aussi demandé s'il était vraisemblable de m'attendre à ce que la promesse se réalise. C'est à cette deuxième question que, pour conclure, je veux revenir.

Je n'en tiens certes pas la réponse. Je n'ai pas de prophéties à faire, surtout en ce qui concerne une collectivité parmi laquelle je n'ai pas vécu depuis plusieurs années. Et puisque la politique est une recherche constante, on ne saurait dire d'aucun événement qu'il ait une importance définitive, soit pour encourager, soit pour entraver la vie politique. Pourtant, quelques remarques ne seront peut-être pas déplacées.

Il y a de mauvais signes. Les gouvernements fédéral et québécois s'acharnent tous les deux à déformer et à manipuler. La direction

Vers une notion normative de la politique ?

du P.Q. résiste à toute tentative de la part des membres ordinaires du parti tant pour avoir leur mot à dire dans la définition de la souveraineté-association, que pour participer à la rédaction du texte référendaire. La législation fédérale sur le référendum est une démarche maladroite et faite pour brouiller les cartes. Par ailleurs, ainsi que l'a remarqué Léon Dion, le P.Q. a voulu s'accaparer le sentiment national à telle enseigne que toute critique à l'endroit du gouvernement est interprétée comme déloyauté envers le Québec. Les libéraux fédéraux en font précisément autant lorsqu'ils traitent de « secours donné aux séparatistes (*sic*) », une critique légitime.

Mais il y a une question plus fondamentale à poser. Il faut savoir dans quelle mesure les intérêts servis par le nationalisme peuvent se généraliser. Je me demande si la question nationale est symétrique. Je vois bien, en effet, que si les libéraux fédéraux sont heureux, si la constitution demeure telle quelle, et si on nie au Québec le droit de négocier à deux, alors il y aura atteinte aux droits et aux intérêts de tous les Québécois. Mais l'inverse est-il vrai ? Si la nation québécoise réalise son expression politique parfaite — la souveraineté — s'ensuit-il que les intérêts de tous les Québécois seront impartialement servis ? [16]

C'est en réfléchissant à cette question que je vois converger les deux fils de mon argument. En premier lieu, le nationalisme québécois est essentiellement populiste dans la mesure où il s'incarne dans le P.Q. et (dans une mesure moindre) dans les autres partis politiques. En second lieu, ce populisme est en grande partie légitimé par le mode herméneutique de la réflexion critique. Mais j'ai dit en gros que ce mode herméneutique est inapte à soutenir une politique émancipatrice. Voici donc, au sujet du référendum, quelques réflexions — sujettes à révision — inspirées par les remarques précédentes sur le populisme.

La collectivité québécoise a longtemps vécu l'expérience amère de l'humiliation née de la défaite militaire, du sous-développement économique, de la répression politique, du refus de son identité linguistique. Dans la mesure où une critique herméneutique permet de formuler cette expérience, il y a une tendance vers le « compartimentage », c'est-à-dire l'expérience même de la répression devient l'objet exclusif de la réflexion. On néglige de faire la démarche suivante, à savoir la recherche systématique des causes de la répres-

Patrick Kerans   53

sion. Or une action politique exigerait pour être efficace que ces causes fassent l'objet d'une analyse adéquate.

Comme dans le cas du cultivateur de l'Ouest, l'homogénéité de l'expérience vécue par l'ensemble de la collectivité québécoise est peut-être trompeuse. Tous les francophones, ou peu s'en faut, ayant éprouvé l'humiliation, il est naturel d'en assigner l'origine à la situation le plus collectivement vécue, à la question nationale. Ayant ainsi déterminé que celle-ci est le problème fondamental (puisqu'il est le plus communément vécu) il est dangereusement facile d'en conclure en bloc que le Canada anglophone est la source du problème. Dès lors, il est raisonnable de s'adresser à Wall Street pour conclure des alliances contre « l'ennemi ». Mais si l'on peut en juger d'après l'expérience d'autres collectivités nationales naissantes, les alliances conclues avec Wall Street mènent aux pires servitudes.

Heureusement, il existe au sein de la collectivité des groupes (dont la C.S.N. et la C.E.Q.) pour qui cette façon de poser le problème ne correspond point à la perception qu'ils ont de leurs intérêts. Malgré l'insistance de la législation référendaire pour que ces deux groupes seulement débattent une question définie par un tout petit groupe, peut-être d'autres groupes voudront-ils mettre en question la prétendue homogénéité des intérêts au sein d'une collectivité parvenue à la souveraineté nationale. La netteté même de la position prise par les syndicats indique peut-être que quels que soient enfin les individus chargés de rédiger la question, il y aura du moins les débuts d'un dialogue politique qui pourrait mener à l'action politique émancipatrice.

Notes

1. Cette observation vaut davantage pour l'Alberta et la Colombie britannique que pour la Saskatchewan où l'élan original vers le populisme a trouvé dans le C.C.F. et le N.P.D. une expression critique voisine de la démocratie sociale. Pour un spécimen contemporain dans l'Ouest d'une analyse en fonction de la géographie voir Andy Snaddon, « Something is happening, Central Canada ; you better find out what it is ». *Maclean's* (15 mai 1978), p. 12. M. Snaddon est l'éditeur du *Edmonton Journal*. Pour comble d'ironie, son article parut sous la rubrique générale « The Referendum Debate ».

Vers une notion normative de la politique ?

2. L'Alberta, plus que toute autre province, a fait preuve d'un populisme non partisan. En 1921 une plate-forme populiste assura l'élection de l'U.F.A. À deux reprises, en 1935 et en 1971, le parti au pouvoir a été remplacé, non par l'opposition, mais par un nouveau parti qui prétendait incarner plus fidèlement le populisme. À aucun moment, pendant ces 57 années, il n'y a eu une opposition sérieuse.

3. L'adoption récente par la Californie de la Proposition 13 en est une illustration frappante. Tous les hommes politiques importants se sont déclarés contre cette proposition qui limite strictement le droit des municipalités de lever des impôts.

4. Cette perspective revêt son expression théorique achevée par Peter Berger et Thomas Luckman, *The Social Construction of Reality*, New York, Doubleday, 1966.

5. Maurice Merleau-Ponty, *Humanisme et Terreur*, Paris, Gallimard, 1947, p. x.

6. *Ibid.*, pp. xxix-xx.

7. *Le Devoir* (21/2/78), p. 5.

8. Sheldon Wolin, *Politics and Vision*, Boston, Little, Brown, 1960, p. 289.

9. Pierre Trudeau, *Federalism and the French Canadians*, p. 189. La version originale est en anglais. Voir p. 200 dans la version française : *Le fédéralisme et la société canadienne-française*, Montréal, Les Éditions HMH, 1967.

10. Cf. Juergen Habermas, *Knowledge and Human Interests*, Boston, Beacon, 1971, et Paul Ricœur, « Ethics and Culture : Habermas and Gadamer in Dialogue », *Philosophy Today* 17 (1973).

11. Cet énoncé se veut normatif et n'est pas universellement vrai. Si toutefois il souffre trop d'exceptions, c'est un signe inquiétant de perturbation sociale.

12. J'ai beaucoup profité de l'analyse faite par C.B. Macpherson, *Democracy in Alberta*, Toronto, University of Toronto Press, 1953. Cf. surtout les pages 221-230.

13. Patrick Kerans, *Sinful Social Structures*, New York, Paulist Press, 1974.

14. Juergen Habermas, « Systematically Distorted Communication », Connerton (ed.), *Critical Sociology*, Markham, Penguin, 1976, pp. 348-362.

15. Juergen Habermas, *Legitimation Crisis*, Boston, Beacon, 1975, p. 108.

16. Je ne parle pas ici des anglophones vivant au Québec. « À cause de leur énorme pouvoir financier, les anglophones ont pu jusqu'à présent garder intacts leur confiance et leur sentiment de sécurité ». Cet ascendant est aujourd'hui mis en question et pour préserver leur rôle dominant, ces anglophones parlent beaucoup de « droits de l'individu », droits dont d'ailleurs ils se souciaient peu quand il s'agissait des francophones. Il y a, bien sûr, des anglophones pauvres qui n'ont pas participé à cet ascendant, et leurs intérêts devraient être protégés. Cf. Douglas J. Hall, « On being the Church in English Montreal », *The Ecumenist* (sept.-oct. 1977), pp. 85-86.

LES MEDIA ET LA CAMPAGNE RÉFÉRENDAIRE: RÔLE EXIGEANT, "MISSION IMPOSSIBLE"?

Florian Sauvageau

*Florian Sauvageau est professeur de journa-
lisme à l'Université Laval de Québec. Il se con-
sacre plus spécialement aux questions qui ont trait
au droit du public à l'information et au problème
de la liberté de presse.*

Selon le ministre Marcel Léger, directeur du Comité national du référendum du Parti québécois, les mass media constitueraient l'un des principaux obstacles que devront combattre les tenants de la souveraineté, lors de la campagne référendaire. « Une campagne systématique de discrédit est actuellement menée contre le Parti québécois par la « minorité possédante du Québec » qui contrôle l'information et influence l'opinion publique » [1], aurait-il expliqué à l'agence Presse Canadienne.

On avait plutôt l'habitude depuis quelques années d'entendre au contraire condamner les « séparatistes » qui auraient envahi les salles de rédaction et manipuleraient l'information au service de la cause souverainiste. On se souvient par exemple des attaques de M. Jean Marchand, peu après le 15 novembre 1976, contre la société Radio-Canada qu'il faudrait tenir responsable, selon lui, d'une éventuelle destruction du Canada.

Dans les deux cas, les prémisses qui fondent ces déclarations peuvent être justes, mais les conclusions qu'on en tire semblent pour le moins excessives. Il n'est sans doute pas exagéré de dire que la plus grande partie des journalistes québécois partagent les aspirations souverainistes du Parti québécois. Que les propriétaires des entreprises de presse soient par contre opposés à l'accession du Québec à l'indépendance, c'est un fait dont conviennent aussi volontiers la majorité d'entre eux. Il n'est en fait que M. Pierre Péladeau que l'on soupçonne toujours de velléités indépendantistes, mais il faudrait s'étonner que le Journal de Montréal fasse demain la « bataille de l'indépendance ».

Les grands patrons de presse, tout favorables qu'ils soient au Canada (ou les journalistes, à l'indépendance) pourront-ils pour autant mettre leur entreprise (ou leur talent) au service de la « cause » lors de la prochaine campagne référendaire ? La réponse mérite un peu plus de nuances que les hommes politiques n'en font généralement à ce sujet.

Ainsi, l'autonomie du journaliste, dans son travail quotidien, est plus réduite qu'on veut parfois le laisser croire. Le plus souvent, le reporter est affecté à la « couverture » d'un événement par un supérieur (ou avec son accord), son texte sera vérifié avant d'être publié ou diffusé, bref, la réalité des choses rend sa tâche et son influence plus modestes qu'on le dit souvent.

Par contre, les syndicats de journalistes ont, depuis une quinzaine d'années, fait inscrire dans les conventions collectives de travail un certain nombre de garanties qui empêcheraient les directions, le voudraient-elles, de triturer l'information, au service d'une cause. Toute la tradition journalistique nord-américaine fait aussi de nos grands journaux des quotidiens d'information différents (quoi qu'on en dise parfois) de la presse française par exemple, plus aisément étiquetable et qui présente souvent toute l'information à travers le prisme idéologique de la direction auquel souscrit toute l'équipe rédactionnelle.

Bien sûr, il reste le cas de l'éditorial. Il est vrai que les quotidiens du Québec seront probablement tous favorables au « non », en éditorial, lors de la prochaine campagne référendaire. Mais les éditoriaux ne jouissent pas, sauf exception, de la cote de lecture la plus élevée. Et les recherches démontrent aussi que leur lecture n'aurait que peu d'influence, dans le cas du comportement électoral tout au moins. Selon l'un des pères de la recherche sur les media, Joseph Klapper, la communication persuasive fonctionnerait en effet beaucoup plus comme agent de renforcement d'opinions déjà acquises que comme agent de changement. À ce sujet, le comportement référendaire ne saurait être tellement différent.

Des études récentes accordent cependant plus d'influence à la télévision, toujours en campagne électorale, parce qu'elle rejoint une clientèle moins politisée que celle des journaux, souvent moins instruite, des gens qui regardent les émissions électorales (et qui regarderont les émissions « référendaires »), « non pas parce qu'ils s'intéressent à la politique, mais parce qu'ils aiment regarder la télévision » [2], des gens que l'on peut sans doute influencer plus facilement.

Et quand on sait en outre que 66% des citoyens s'informent d'abord au petit écran, au Canada comme ailleurs en Occident, on comprend l'importance que les hommes politiques accordent partout à la télévision. De Réal Caouette qui l'a peut-être le mieux utilisée chez nous, à Robert Kennedy qui disait préférer 30 secondes sur un réseau de télévision à bien des manchettes de journaux, à tel colonel d'Amérique latine dont la cible première du coup d'État n'est plus le palais présidentiel mais les studios de télévision nationale.

Mais encore là, il ne faut rien exagérer. Qu'il suffise seulement de penser à la documentation qu'utilisent recherchistes et interviewers de la télévision, presque exclusivement constituée d'articles de journaux et de magazines, et de façon plus générale à l'influence qu'exercent sur le choix des informations télévisées du soir, les titres de la presse du jour. Il y a là matière à rassurer les journalistes de la presse écrite qui s'inquiéteraient de l'avenir de leur prestige.

Le journaliste : miroir ou moteur ?

Les attaques des hommes politiques contre la presse ne constituent rien de nouveau au Québec. Il ne s'est guère passé d'élection depuis la Révolution tranquille, pour s'en tenir à l'histoire récente, sans qu'un candidat défait ne stigmatise une presse qu'il tenait responsable de ses déboires. Ce qui donna d'ailleurs lieu à des analyses subséquentes des journaux, commanditées par les associations de journalistes, l'une à la suite de la défaite libérale de 1966, l'autre après le triomphe de Robert Bourassa en 1973 [3]. Mais ces attaques ne sont qu'un pâle reflet de ce que la campagne référendaire, avec les passions qui l'animeront, risque de nous réserver.

En période de crise, le porteur de mauvaises nouvelles n'a jamais eu la vie facile, et « couvrir » la campagne référendaire ne se fera pas sans peine.

D'autant plus que bon nombre de journalistes, on l'a dit, partagent les objectifs souverainistes de l'actuel gouvernement, ce dont conviennent plusieurs d'entre eux, en confessant les ambiguïtés que cela comporte et les questions que cela peut provoquer au sujet de la pratique de leur métier d'informateur. Car si le journaliste fait partie d'une structure qui restreint son autonomie, il choisit tout de même les éléments d'un discours ou document qu'il va publier, ceux qu'il laisse de côté, ceux auxquels il accorde de l'importance, etc. On comprend donc que certains s'interrogent et verront dans tel titre, dans telle intonation ou tel sourire d'un journaliste la preuve de son allégeance péquiste et de son appui au « oui » lors du référendum. En fait, c'est de la vieille question de l'objectivité, adaptée aux circonstances, dont il s'agit : un journaliste peut-il être souverainiste ou indépendantiste, et quand même rapporter fidèlement les thèses défendues par des fédéralistes ?

La majorité du public verrait heureusement les choses avec un peu plus de subtilité que celle à laquelle les hommes politiques nous ont habitués. Ainsi, 75% des répondants à un sondage effectué dans le cadre de l'enquête du Conseil de la Radiodiffusion et des télécommunications canadiennes (CRTC) sur Radio-Canada, en 1977, croyaient en effet que les « reporters de Radio-Canada pouvaient fort bien avoir leurs opinions politiques et néanmoins présenter honnêtement l'information à la télévision »[4]. C'est ce que la plupart des journalistes avaient dit de tout temps, en expliquant que l'objectivité n'existait pas, que les choix d'un journaliste étaient toujours conditionnés par son éducation, son milieu, au sens large de sa culture, et qu'il ne fallait tout de même pas lui demander de ne pas avoir d'idées !

Des auteurs américains parlent à ce sujet de la « journalistic versus citizen tension », un problème qui s'est posé avec encore plus d'acuité à propos du Vietnam[5], alors que jeunes et vieux reporters américains qui, souvent, différaient déjà d'opinions au sujet de la guerre elle-même, se sont aussi opposés quant à la façon de la « couvrir ». Les aînés, des vétérans de la 2e guerre, où journalistes et militaires faisaient front commun contre l'ennemi, se contentant souvent, selon la conception classique du métier, de faire état des déclarations officielles des autorités militaires américaines et sud-vietnamiennes. Les plus jeunes, opposés à la poursuite de la guerre, contredisaient volontiers ces déclarations, s'ils avaient la preuve de leur fausseté, malgré les appels des autorités au patriotisme et au nom d'une autre conception du journalisme, où le reporter intervient beaucoup plus, fait des choix plus évident et plus personnels. C'est en quelque sorte tout le débat : journalisme, miroir ou moteur de la société ?

Et si l'objectivité du journaliste (ses sentiments personnels versus son métier d'informateur) en fait déjà s'interroger certains, même quand le reporter, passif, se satisfait de rapporter les faits (la conception traditionnelle de l'information), on comprendra à quel point les difficultés s'accroissent dès que le journaliste devient plus présent, plus actif. Dire d'un homme politique qui défend une cause qui est aussi la sienne, qu'il fait erreur, ou veut tromper la population, exige en effet beaucoup en termes d'honnêteté et d'intégrité professionnelle, de recul du journaliste face à ses opinions de citoyen, à sa subjectivité. On peut concevoir qu'il pourrait le faire plus aisément dans le cas de celui dont il ne partagerait pas les options.

« Selon moi, écrit le journaliste Pierre Vennat [6], au sujet du prochain référendum, quand la majorité des journalistes d'un media se seront convaincus que la meilleure option, c'est soit l'indépendance, soit le fédéralisme, soit une quelconque troisième voie, cela devra paraître dans leurs textes. On ne peut pas demeurer neutres dans un débat qui engage notre avenir », ajoute-t-il en précisant qu'il ne prône pas une presse de combat, mais une presse d'opinion, d'explication. Un art difficile, mais aussi une démarche professionnelle, voire éthique, que récuseront sans doute les tenants d'un journalisme plus classique, et avec eux tous ceux que desserviraient les prises de position des journalistes qu'on accuserait alors volontiers de parti pris et de manipulation.

Ne faut-il pas au contraire se demander si ce n'est pas plutôt le journalisme de citations, supposément neutre, qui ne répond plus à une conception mieux articulée de l'éthique journalistique. Le reporter joue-t-il en effet son rôle en se satisfaisant de rapporter fidèlement les propos, qu'il sait par exemple incomplets, d'un personnage officiel ? Ne doit-il pas plutôt logiquement suivre l'exemple des jeunes journalistes américains au Vietnam ? Plus encore peut-être, quand on sait tout l'appareil de manipulation utilisé par les pouvoirs, quels qu'ils soient, pour « passer leur message », et dont la campagne référendaire nous offrira sans doute, de part et d'autre, un chef-d'œuvre du genre. C'est en allant au-delà des thèmes que voudront alors leur imposer les hommes politiques que les media feront vraiment leur travail, en faisant obstacle aux manœuvres subtiles des conseillers en communications de tout acabit. Une manipulation qui ne s'exerce plus par le pot-de-vin, mais par la nouvelle exclusive qu'on vous refile « entre amis », par la confidence qui permettra de mieux vous « utiliser », et de façon générale, par la connaissance qu'ont les « faiseurs d'images » du fonctionnement des media, qui leur permet d'être présents avec l'information au bon moment pour qu'elle soit diffusée comme ils l'entendent avec le plus de profit possible pour la cause qu'ils doivent vendre.

« Quels sont les enjeux et les thèmes d'une élection, tels que les sélectionnent presse et télévision ? À quoi va s'intéresser la télévision pendant une campagne, quels enjeux va-t-elle décrire comme fondamentaux et quels autres comme accessoires ? La télévision sera-t-elle purement et simplement le réceptacle, le véhicule des thèmes des partis politiques (ou de certains des partis) en présence, ou cherchera-t-elle de manière autonome et extérieure, à classer et à présenter des thèmes et des enjeux lui paraissant importants, au nom de sa mission d'information ? » [7] Ces commentaires de Roland Cayrol (qui puisent aux recherches américaines plus récentes), au sujet du rôle et de l'influence que les media peuvent exercer en campagne électorale, s'appliquent tout à fait au prochain contexte référendaire.

Mais il n'est pas question de demander au journaliste d'assumer seul pareille tâche. C'est une responsabilité qu'il partage avec la direction de l'entreprise, qui décide des politiques d'information que les employés-journalistes doivent respecter.

Sans exagérer leur état de prolétaires, de « travailleurs de l'information », il faut en effet convenir avec les journalistes que, bien qu'ils aient mitigé, depuis 15 ans, la toute-puissance « éditoriale » des propriétaires en faisant reconnaître, entre autres, dans nombre de conventions collectives la notion de droit du public à l'information, le patron détient toujours les pouvoirs déterminants en matière d'information, par le biais des priorités budgétaires qu'il définit, de l'embauche des journalistes et des cadres, qu'il peut choisir « à son image ». Il saurait d'ailleurs difficilement en être autrement à moins d'accorder à l'entreprise de presse un statut juridique particulier.

Ainsi, dans le cas de la radio-télévision, les ondes étant considérées du domaine public, la loi fédérale impose aux stations certaines obligations auxquelles ne sont pas soumises les entreprises de presse écrite.

Amorce d'un programme d'action

Comment, dans ce contexte, les media pourraient-ils, lors de la prochaine campagne référendaire, jouer pleinement leur rôle et satisfaire au droit du public, alors plus que jamais présent, à une information honnête et complète. Retenons, en guise de cadre à une esquisse de programme de « couverture », et en les adaptant, certaines des suggestions faites en 1947 par la Commission Hutchins [8], chargée d'enquêter sur la presse écrite aux États-Unis et dont le rapport, toujours actuel, reste le texte classique en matière de « responsabilité sociale des media » et sert encore de base aux tenants des thèses du droit public à l'information :

1) *La mise en perspective de l'information* : ne pas se satisfaire, selon l'esprit des suggestions de Cayrol, du fait brut, de l'événement ou de la déclaration officielle (le menu le plus fréquent du journaliste), mais donner un sens à cette information. Que les media, plus autonomes, soient aussi générateurs de l'information plutôt qu'à sa seule remorque.

Ainsi, le ministre Marcel Léger donnait l'été dernier un aperçu de ce que devrait être, selon lui, la stratégie référendaire du Parti québécois. La campagne référendaire, disait-il, en sera une d'identité nationale pour les Québécois. « Il faudra amener les gens à voter « oui » par goût du Québec plutôt que de leur présenter des dossiers « techniques » leur prouvant en noir sur blanc la futilité du régime fédéral actuel » [9]. Si c'est être « fédéraliste » que d'aller au-delà de cette stratégie, en essayant de voir, par exemple, les conséquences économiques des options offertes aux Québécois, les media devront l'être. Comme il leur faudra être « péquiste », si c'est l'être que de faire voir les failles ou les « oublis », s'il y a lieu, des dossiers d'Ottawa voulant démontrer la rentabilité du fédéralisme.

La complexité des problèmes abordés rendra cette tâche ardue. Qu'on se souvienne de cette guerre des chiffres de 1977, sur les coûts et bénéfices de l'appartenance du Québec au Canada et du gouffre qui séparait les bilans fédéral et québécois. Comment s'y retrouver et présenter ces deux « vérités » contradictoires, sans recourir à une expertise que bien peu de journalistes possèdent et sans faire appel aux spécialistes dont les travaux, commandités par les media, permettront seuls d'aller au-delà de l'information partisane et intéressée [10], Ce que les media devront souvent faire à l'occasion de la campagne référendaire et des débats d'experts qu'elle engendrera. Sans négliger pour autant de former (ou perfectionner, selon le cas) à l'intérieur des équipes rédactionnelles, des spécialistes des questions constitutionnelles et de enjeux référendaires qui sauront pratiquer un journalisme qui échappe à la superficialité du quotidien et aux éclats de voix souvent creux des personnalités pour s'intéresser aux questions de fond.

2) *Une tribune ouverte à toutes les tendances* : l'expertise extérieure pourrait être l'occasion d'une ouverture plus grande des media à la collaboration extérieure, à la manière des grands journaux américains et européens, et malgré la réticence probable des syndicats de journalistes qui ont manifesté à ce sujet des tendances corporatistes agaçantes ces dernières années. La presse deviendrait ainsi une tribune ouverte à tous les courants de pensée, l'Agora de la Grèce antique. Un forum plus que jamais essentiel lors de la campagne référendaire mais qu'il faudrait réaliser avec un très grand souci d'équité dans la présentation des options en présence. Un équilibre imposé à la radio-télévision selon des dispositions qui s'apparentent à la « fairness doctrine » américaine et dont la presse écrite pourrait inspirer sa conduite déontologique, mais qu'il ne faudrait pas mesurer en seul temps d'antenne ou en comptabilisant l'espace accordé à chaque option.

La programmation offerte par le système de la radiodiffusion canadienne doit en effet, selon la loi, « fournir la possibilité raisonnable et équilibrée d'exprimer des vues différentes sur des sujets qui préoccupent le public » [11]. Et selon le CRTC, la meilleure façon de servir les intérêts des radiodiffuseurs et du public canadien est « de faire admettre aux radiodiffuseurs le principe de base que le public est maintenant suffisamment évolué pour accepter l'expression d'une variété d'opinions, pour en faire son profit et pour faire son propre choix parmi elles... » [12].

3) *Une image fidèle des groupes qui forment la société* : ce qui pourrait vouloir dire, à l'échelle canadienne, et ce que la quasi-

totalité des media canadiens n'ont jamais fait, « présenter » les anglophones aux francophones et vice versa. Une tâche délicate, une entreprise périlleuse dans le contexte du référendum et que plusieurs assimileront vite à de la propagande. Qu'il suffise, à ce sujet, de penser aux réactions hostiles de certains face à un téléjournal contenant plus de reportages provenant du reste du Canada, ce que le journaliste Pierre Godin appelle « le train de la Confédération télévisé ».

Mais la crise actuelle exige que non seulement Radio-Canada, mais la presse québécoise dans son ensemble, s'intéresse au Canada anglais. Quel que soit en effet l'avenir du Québec, à l'intérieur d'un fédéralisme renouvelé ou associé économiquement au Canada selon l'option du Parti québécois, dans l'un ou l'autre cas, la campagne référendaire ne pourra être « couverte » convenablement, sans que les Québécois puissent, par le biais de leurs media, prendre le pouls de leur partenaire.

D'ailleurs, ce qui provoque des réactions négatives au sujet de certaines émissions de Radio-Canada, ce n'est peut-être pas tant le fait qu'on nous parle du Canada anglais, mais la façon de le faire et l'objectif visé par Radio-Canada et surtout la manière dont on interprète cet objectif. Le Québécois souverainiste qui voit au téléjournal un reportage anodin et gratuit en provenance de Vancouver ou de Halifax ne peut s'empêcher de penser à la mission de Radio-Canada, définie par la loi sur la radiodiffusion, « contribuer au développement de l'unité nationale », et de conclure qu'on est à lui « vendre » le Canada, qu'on fait de la propagande pour le « non » au référendum. Ce, malgré les affirmations encore récentes de Radio-Canada au comité du CRTC chargé d'enquêter sur ses activités, « qu'en matière de nouvelles proprement dites, les jugements qu'elle porte sur la sélection de l'information, l'importance à accorder aux nouvelles, l'ordre de leur présentation, etc., doivent être essentiellement les mêmes que ceux du secteur privé... » [13]

Mais quand on compare l'importance accordée au reste du Canada par le réseau français de Radio-Canada, avec ses reporters en poste dans toutes les régions, à ce que font les quotidiens par exemple, le moins qu'on puisse dire c'est que la similitude dans les critères qui guident la cueillette et la diffusion de l'information n'est guère frappante. Aucun des grands quotidiens du Québec n'avait, à l'été 1978, de correspondant en poste à l'extérieur du Québec, sauf à Ottawa ; les journaux se satisfont pour « couvrir » le Canada anglais, de quelques nouvelles brèves puisées à l'agence Presse Canadienne, utilisées le plus souvent les jours de publicité abondante, entre deux réclames.

Tout cela est affaire de mesure. Une conscience bien sentie de leur rôle impose aux journaux de mieux expliquer le reste du Canada, surtout à l'occasion de la campagne référendaire (les conséquences n'en seraient d'ailleurs pas nécessairement favorables au maintien du lien fédéral actuel). Quant à Radio-Canada, le défi qu'elle entend s'imposer est de taille. Car la nuance est mince entre le souci de présenter de « façon plus efficace le Canada français aux Canadiens anglais et le Canada anglais aux Canadiens français », manifesté par le plan d'action soumis en juin 1977 par le président de la société, M. Johnson, et la propagande pour unifier le pays réclamée il n'y a pas si longtemps par le ministre André Ouellet. Et si l'on doit espérer qu'on nous informe sur le Canada anglais, il faudra refuser qu'on nous intoxique.

De quelques écueils...

Un tel programme d'action (esquissé ici à grands traits et qu'il faudrait compléter et préciser) n'irait pas sans frais importants, mais sa réalisation reste à la mesure des possibilités financières des grandes entreprises de presse québécoises. D'autant plus qu'on pourrait songer à ce que certains projets, plus onéreux, soient réalisés en commun par des media s'adressant à des clientèles différentes (ce qui s'est souvent fait dans le cas de sondages).

On peut par contre présumer que la mise en œuvre de ce programme n'accroîtrait guère le nombre de lecteurs ou spectateurs des media qui l'entreprendraient. Les affaires constitutionnelles se vendent sans doute déjà mal et donneront peut-être lieu à un tel phénomène de « surexposition » lors de la campagne référendaire que le public risque d'en être sinon blasé, du moins lassé. Trouver l'angle qui intéresse et informe vraiment tout à la fois ne sera pas facile.

Car s'il lui faut informer pour s'acquitter de sa « responsabilité sociale », la presse, et c'est son grand dilemme, doit aussi intéresser pour réunir les plus grands auditoires. Ce qui explique la tendance des media, en guerre toujours plus vive pour s'attirer lecteurs et spectateurs qu'ils revendent ensuite aux annonceurs, à présenter une information facile, sensationnelle, spectaculaire, celle qui accroche, celle où la presse des 3 « s » (sang, sports, sexe) excelle. On peut aujourd'hui appliquer à un secteur de plus en plus large de la presse écrite ce commentaire que l'Anglais Robin Day faisait il y a quelques années au sujet des nouvelles à la télévision dont le danger, disait-il, à cause de la nature même du médium, « c'est qu'on y présente plus facilement l'action que la réflexion, l'émotion et non pas l'explication, les personnalités plutôt que les idées ».

Dans un tel contexte, nous risquons de vivre le prochain référendum en termes d'affrontements de personnalités (les « bons » et les « méchants », comme dans les westerns) plutôt qu'en termes d'enjeux nuancés et clairement expliqués. La nature des media, et plus encore le contexte de profit dans lequel évoluent les entreprises de presse, la concurrence de plus en plus grande qui les oppose, risquent de compromettre la « couverture » de la prochaine campagne référendaire, bien plus que journalistes péquistes et patrons fédéralistes.

Dans un tel système de marché, d'offre et de demande d'information, la meilleure garantie d'un journalisme de qualité réside dans la vigilance d'une opinion publique éclairée, consciente du rôle et des lacunes de la presse, et qui exige des media qu'ils s'acquittent de leur « responsabilité sociale ». Déjà, dans son célèbre rapport de 1947, la Commission Hutchins concluait pour les États-Unis : « What is needed, first of all, is recognition by the American people of the vital importance of the press in the present world crisis » [14]. C'est aussi ce qu'il faut souhaiter que les Québécois réalisent à la veille de la rencontre historique que constitue le référendum.

Notes

1. *Le Soleil*, 20 juillet 1978, p. D 17.

2. Elihu Katz, cité par Roland Cayrol. « Un champ nouveau pour la persuasion », *Le Monde*, 5-6 mars 1978, p. 11.

3. Voir à ce sujet « La presse et les élections du 5 juin » (Cahiers de *Cité Libre*, novembre 1966) et les travaux de Daniel Latouche, publiés dans *Communication et Information*, volume II, numéros 1 et 2.

4. Rapport du Comité d'enquête sur le service national de la radio-diffusion, établi le 14 mars 1977 par le Conseil de la Radiodiffusion et des télécommunications canadiennes, p. 40.

5. Voir le chapitre consacré à la guerre du Vietnam, dans l'excellent ouvrage de Philip Knightley, *Le correspondant de guerre* (*The First Casualty*), publié chez Flammarion.

6. Pierre Vennat, *Le 30*, vol. 2, no 5 mai (1978), p. 23.

7. Roland Cayrol, *Le Monde*, déjà cité.

8. *Commission on the freedom of the press, A free and responsible press*, University of Chicago Press, 1947.

9. *Le Soleil*, déjà cité.

10. Ainsi, dans le cas des comptes économiques, une étude réalisée pour la société Radio-Canada par les économistes Pierre Fortin, Gilles Paquet et Yves Rabeau, démontra la futilité de ce débat. « Toute personne, écrivaient-ils, qui prétendrait connaître, même de façon approximative, le chiffre du gain ou de la perte annuelle nette du Québec dans ses échanges avec l'institution fédérale est soit un fourbe, un ignorant ou un sot ».

11. Loi sur la radiodiffusion, 1967-68, C. 25, art. 3 d).

12. Rapport d'un comité chargé d'étudier l'émission « Air of Death », diffusée par CBC. Avis public du CRTC du 9 juillet 1970.

13. Déclaration de principes de 1971, reprise par Radio-Canada devant le comité du CRTC, rapport déjà cité.

14. *Commission on the freedom of the press*, déjà cité, p. 96.

L'ÉGLISE PEUT-ELLE BOUDER LE RÉFÉRENDUM?

Ernest Simard

Ernest Simard est né à St-Luc de Matane. Il enseigna au Collège de Rimouski, fit ses Lettres à l'Université Laval de Québec, puis un stage à Rome en sciences sociales et sociologie. Vicaire en paroisse et aumônier de syndicats. Professeur et directeur à l'École normale de Rimouski, de 1960 à 1968, puis curé de la paroisse St-Fabien (Rimouski).

Tout le monde au Québec parle de référendum, que ce soit le référendum provincial annoncé depuis novembre 1976, que ce soit le référendum fédéral conçu au printemps de 1978. La tordeuse qui tue les résineux de nos forêts, il paraît qu'on peut la combattre par une autre mouche, plus efficace que les meilleurs insecticides ! Il en est un peu ainsi des référendums, surtout face à une population désarmée et impuissante, disons le mot ignorante du sujet.

André Auclair, directeur général du Mouvement national des Québécois, pour l'ouverture du 32e Congrès annuel de juin 1978, lançait un appel solennel au peuple du Québec, un appel qui se voulait, en somme, « un manifeste sur la foi dans le courage du peuple du Québec et de son aspiration de toujours à la liberté et à l'indépendance de son pays ». Il s'exprimait ainsi : « Dans le cours de l'histoire des peuples, et notamment aux heures de crises nationales, des voix de personnes éclairées ou de groupes constitués se sont levées, invitant la population à la réflexion et à la participation à bâtir le devenir du pays. »

Cahiers de recherche éthique 7   **69**

Inviter la population à réfléchir et à participer ! Les haut-parleurs ne manqueront pas, au cours des prochains mois, qui vont tracer à leur façon les trajectoires d'une société souveraine ou relever les bornes embroussaillées d'un pays cadastré par les découvreurs, balisé par les conquérants et confédéré par les héritiers de l'impérialisme du siècle dernier. Il se trouvera bien des voix, autorisées ou pas, pour parler de pays à construire, de patrie à sauver, de nation à respecter ; pour parler de liberté, de dignité humaine, de respect des droits. Il se lèvera bien des preux pour vouloir bâtir « une société forte, libre et fraternelle ».

Que seront ces voix qui crieront de toutes les tribunes improvisées ou des podiums illustrés par les médailles de bronze des Olympiques ou les médaille d'or des Jeux du Commonwealth ? Il se trouvera aussi bien des auditeurs disposés à faire confiance à notre peuple et à leurs leaders ; mais quel peuple et quels leaders ? Pour dire oui au Canada, il faut connaître et aimer le Canada, il faut croire encore au Canada, mais quel Canada ? Pour dire oui au Québec, il faut connaître et aimer le Québec ; mais quel Québec ?

Sur le plan culturel, on confond facilement Canada et Québec, c'est le fruit naturel de notre ignorance. Sur le plan économique, on les confond davantage, c'est le fruit cultivé de notre peur et de notre égoïsme. Sur le plan social, on se relance au niveau des projets, c'est le jeu subtil de la démagogie. Sur le plan politique, la confusion est consommée, à cause de la pagaille du combat : les défenseurs derrière les barricades fédérales sont nos gros canons canadiens-français, tandis que les francs-tireurs du Cap Diamant sont des Canadiens français qui se disent Québécois.

Sur tous les plans, il ne manque pas de spectateurs indifférents, victimes d'une société de consommation tueuse de liberté et d'idéal vrai. Et dire que ce sont ces indifférents qui seront appelés à tracer la ligne de démarcation de l'entente et du compromis ! C'est cette population passive en un sens, une clientèle facile pour les faiseurs d'élections, qui va devoir tracer les bornes de notre encadrement comme peuple : la vérité, la justice, le bon sens, la sagesse politique, c'est un peu la quadrature du cercle, qui est celle d'ailleurs de la démocratie.

Je ne suis pas un angoissé ni un inquiet de nature, mais mon inquiétude est grande au sujet « des voix de personnes éclairées » qui vont se lever pour inviter la population « à la réflexion et à la participation ». Des voix éclairées pour faire réfléchir notre peuple et l'amener à participer lucidement... En principe, c'est une condition indispensable pour rêver démocratie.

Au milieu de ce concert où la batterie va dominer, qu'est-ce que l'Église a à nous dire, aujourd'hui, dans son enseignement au sujet des problèmes qui confrontent notre peuple ? Devant la complexité d'un choix aux conséquences graves proposée lors du référendum, l'Église a-t-elle un rôle éthique à jouer ? Je ne peux présumer de ce que la Hiérarchie catholique a à dire et je ne veux aucunement parler au nom de l'Église officielle. J'ambitionne tout au plus un essai bien simple, qui ne sera qu'une amorce de réflexion.

Un projet qui intéresse l'Église

Les évêques du Canada et l'Assemblée des évêques du Québec se sont déjà exprimés sur le sujet, en restant toujours au niveau des principes, dans un parfait respect pour les expressions d'opinion. Par ailleurs, des théologiens, en évitant le discours partisan, ont voulu réfléchir sur le sujet pour rappeler aux gens de chez nous que « Notre foi et notre espérance doivent signifier aux hommes que le Seigneur est au cœur de leur réflexion et leur agir politique... Un citoyen qui construit son pays dans la liberté et la justice accomplit, croit-on, le plus important des labeurs. Le royaume déjà commencé n'est pas dans les nuages, il s'établit dans l'Histoire. Le temps de nos luttes québécoises est un temps racheté et le chrétien doit le vivre avec respect et admiration. »

Si la question nationale n'est pas du domaine théologique, la théologie cependant doit montrer la signification profonde de chacune des options offertes au peuple et signifier les valeurs chrétiennes impliquées dans chacune d'elles. Parler de question nationale au Québec, c'est parler de souveraineté nationale, c'est parler d'indépendance politique. Et un projet de libération nationale, ce n'est pas une question religieuse, bien sûr : il s'agit de questions politiques, de questions économiques, et partant de questions morales, qui ont besoin de l'éclairage de la théologie. Dès lors, comme cette question devient de plus en plus à l'ordre du jour de tous les groupements, il ne faudrait pas que l'Église soit la seule à ne pas l'aborder.

Ernest Simard   71

L'unité canadienne et l'indépendance du Québec ont-elles la même résonance dans la conscience des « gens du pays » ? Est-ce qu'elles garantissent les mêmes valeurs et lesquelles ? Et doit-on écouter avec la même oreille et un égal sens critique les tenants de l'une et de l'autre ? On pourrait multiplier les questions qui, bien posées, seraient déjà des réponses...

Dans la Constitution « L'Église dans le monde de ce temps », Vatican II nous rappelle que l'Église, en portant les inquiétudes de notre époque, ne peut se contenter du silence prudent qui laisse croire que la question est sans importance. Le souci de l'Église, n'est-ce pas que tout ce qui est beau devienne chemins de Dieu pour le plus grand nombre ? « Tout ce qu'il y a de vrai, de bon, de juste, dans les institutions très variées que s'est données et que continue à se donner le genre humain, le Concile le considère donc avec un grand respect. Il déclare aussi que l'Église veut aider et promouvoir toutes ces institutions, pour autant qu'il dépend d'elle, et que cette tâche est compatible avec sa mission » (42, 5). Une Église en mission dans le monde, une Église en contact avec le monde, une Église ouverte à toutes les inquiétudes du monde de ce temps ! « L'Église d'aujourd'hui, de préciser Jean Richard, est donc plus consciente que jamais de son devoir de prêcher l'Évangile à l'homme d'aujourd'hui, de faire revivre aujourd'hui le message chrétien en l'actualisant dans la situation présente, de manifester tout le sens du salut chrétien en éclairant à sa lumière tous les projets de libération humaine. »

Un intérêt partagé par tous les chrétiens

Jésus bien sûr n'a pas été un homme politique, mais ses gestes ont toujours eu des incidences politiques. L'Église de son côté n'a pas à orienter la politique, mais elle doit tenir un discours pastoral sur la question, un discours éclairé par la théologie. D'où un champ de travail pour les théologiens d'abord, un autre pour les pasteurs et un troisième pour les passagers ordinaires.

Ainsi, le rôle de l'Église face à la question nationale, c'est l'affaire de tous ses membres. Les théologiens ne sont pas toujours à la main du peuple, qui se tient loin de la réflexion théologique... Quant à la hiérarchie, elle se doit de tenir un discours pastoral qui serait un éclairage théologique s'adressant à tous les fidèles, et cela avant l'option à prendre et non après. Après le référendum, une fois

L'Église et le référendum

qu'ils se seront engagés politiquement, il reviendra aux chrétiens de tenir un discours d'après option : une réflexion faite par chacun des groupes, selon la ligne de leur engagement, faisant suite à une option lucide et éclairée, un discours qui donne un sens chrétien à chacune des options politiques qui auront été prises.

Un éclairage théologique, mais non des bornes ! Avant de poser un geste qui décide de l'avenir d'une nation, en effet, il faut être éclairé moralement sur les conséquences de ce geste qui engage l'avenir des autres autant que le nôtre. Pour un engagement politique éclairé, il importe que tous les individus et tous les groupes intéressés soient dans un état de recherche et d'inquiétude, qui déborde la préoccupation de l'intérêt personnel. Ce que seul un organisme désintéressé comme l'Église pourrait faire : mettre en branle un mouvement général d'étude sérieuse, d'information sereine, de formation honnête et éclairée, permettant de poser un acte parfaitement libre. N'attendons pas nos chefs politiques pour faire ce travail, leurs intérêts se situent à un autre plan.

Dans leur « Lettre collective » à l'occasion du Centenaire de la Confédération, les évêques canadiens déclaraient ceci : « Un engagement politique éclairé exige qu'on s'élève au-dessus des passions et qu'on tienne compte du fait que les régimes politiques et les cadres juridiques sont des moyens et non des fins, qu'ils sont susceptibles, comme l'histoire le prouve, de constantes transformations. » Et ils précisaient le rôle de l'Église : « Ayant été étroitement mêlée à la vie du Canada depuis les origines de ce pays, l'Église ne peut rester indifférente aux grandes interrogations du présent... »

Au premier plan des problèmes qui nous préoccupaient à l'époque, se situait le problème constitutionnel, qui ressort davantage depuis novembre 1976. « Ce problème n'est pas étranger à l'Église ; elle le porte pour ainsi dire dans sa chair, puisqu'elle rassemble une part importante des deux principaux groupes linguistiques et culturels dont la rencontre crée le problème canadien... Un problème humain très profond, car il engage des valeurs importantes et concerne des personnes dans leur chair et dans leur âme. »

Des valeurs humaines en cause

Ainsi, face à des options politiques à prendre, il y a des valeurs humaines et chrétiennes à vivre et à faire vivre : la paix dans l'éga-

Ernest Simard   **73**

lité, la justice éclairée par l'amour, la dignité humaine et la liberté, la solidarité et la fraternité, l'honnêteté intellectuelle, le respect de l'autre, le respect de l'intelligence, le respect de la conscience personnelle, le respect de la pensée collective, le respect des choix d'une collectivité ; des valeurs que notre société veut conserver, protéger et développer ; des valeurs qui tiennent compte autant de notre passé dont nous sommes fiers, que de l'avenir que nous ambitionnons de bâtir.

Dans ces moments, l'Église se doit, selon une déclaration des évêques canadiens (21-04-72) de « jouer à travers le changement, la recherche, la discussion, le rôle d'une instance supérieure de rencontre, de justice, de dialogue, de communion »... Et Paul VI, homme de dialogue, insistait sur « l'importance que l'Église attache à tout ce qui est recherche ». Dans la même déclaration, les évêques ajoutaient : « Dans cette recherche des changements à promouvoir, les chrétiens devront d'abord renouveler leur confiance dans la force et l'originalité des exigences évangéliques. »

C'est donc un problème que l'Église se doit d'éclairer, en étant consciente qu'un choix de cette importance est conditionné par les attitudes spirituelles de chacun. Son rôle dans la matière peut se limiter à définir l'esprit qui doit nous animer, si l'on veut s'inspirer de l'Évangile. Elle pourrait aller plus loin et nous poser certaines questions ; et, pour éclairer une attitude chrétienne respectueuse de l'homme et de la condition humaine, plusieurs questions sont importantes.

Des questions majeures à poser

La question prioritaire qui pourrait se poser en guise de sondage pré-référendaire, ce serait la suivante : que peuvent faire les chrétiens pour que la question référendaire, le référendum et son résultat, l'après-référendum, ne contiennent pas des éléments de division pour nous séparer davantage au lieu de nous unir ? En tant que chrétiens, nous avons la responsabilité particulière de travailler à l'avènement du Royaume de Dieu sur terre, le Royaume des hommes : donc à leur union dans l'amitié et la fraternité, à leur cheminement humain dans la dignité et la justice, à leur promotion collective dans le respect et l'amour de l'autre. Ce n'est qu'après une réponse éclairée à cette question préalable que devraient être posées les autres questions susceptibles de recevoir une réponse marquée de la sagesse politique d'un citoyen honnête et engagé.

Et alors la question économique se pose vraiment au chrétien. C'est la première qui apparaît et elle est importante : la justice sociale économique n'a pas réussi à promouvoir le rêve d'une « société juste ». Les besoins économiques sont fondamentaux et la question est primordiale : le Christ, lui, nourrissait ceux qui avaient faim et guérissait les malades dans le cadre de son ministère de la proclamation de la Bonne Nouvelle d'un Dieu d'amour ; l'injustice économique est à la source de toutes les colères et des divisions les plus tenaces ; la question économique est au premier plan de toutes ces réflexions pour le rapprochement d'une humanité divisée ; le fossé entre les riches et les pauvres se creuse davantage de jour en jour, et parallèlement le fossé des incompréhensions.

Cependant, cette grande question, qui fera les frais des débats, ne devrait pas diminuer l'importance des autres questions impliquées dans cette volonté de changement. Ainsi, va-t-on mésestimer les conséquences politiques, sociales, spirituelles de l'injustice économique ? La population est très sensible à la première, et avec un peu de démagogie on peut facilement la détourner des autres points. Une question fondamentale susceptible d'être oubliée ou mise en veilleuse à dessein, c'est la question du vivre-ensemble sur un territoire où les droits de l'homme sont continuellement au banc des accusés, où les uns se sentent manipulés, d'autres ont soif de dialogue, cependant que d'autres ont, soit le complexe du conquérant, soit celui du conquis de longue date.

L'action éducatrice de l'Église

Face à toutes ces questions et à bien d'autres, l'Église n'a aucune solution à suggérer. Aussi, respecte-t-elle la diversité des opinions sur un sujet qui n'engage pas la foi ; elle invite les chrétiens à un respect mutuel dans la recherche d'un consensus. Elle invite donc à respecter, soit ceux qui ont une volonté ferme de changement, soit ceux qui ont des réactions de doute, de méfiance, de peur même face au changement possible. Elle invite à respecter ceux qui affichent une trop grande espérance ou qui semblent mêler à leur idéologie politique des préjugés raciaux et culturels. À respecter ceux qui, soit d'un côté soit de l'autre, ont ou semblent avoir des vues rigides et étroites, du fanatisme, de l'entêtement.

Dans un conflit, le parti opposé nous semble toujours dans l'erreur. L'Église, comme le Christ, ne condamne aucune personne, mais réprouve le péché dont nous sommes tous victimes ; l'erreur est « le privilège » de tous les humains : *errare humanum est*, comme le rappelle la vieille maxime. À la rigueur, ça pourrait être pour le chrétien un problème d'éthique et de perception religieuse. Dans ce contexte-là, ne pourrait-on pas réfléchir sur notre engagement de chrétien ?

Même sans s'entendre jamais là-dessus : pour les uns, les questions économiques, politiques, sociales et culturelles (celles qui font l'objet du référendum) c'est le lot des « experts laïcs » ; il n'y a pas de place pour une « réflexion cléricale » ou d'Église ; pour d'autres, le cœur du problème est de caractère social et éthique et, par voie de conséquence, religieux. La conscience des inégalités économiques (d'aucuns diront les injustices) et du problème sous-jacent du pouvoir, est liée à la question de ce qui est juste et de ce qui ne l'est pas, la question justice-injustice. Autrement dit, est-ce possible de vivre ensemble sur un territoire dans des relations d'injustice ? Comment en arriver à mettre l'amour à la base de nos relations ? Et, sans justice et sans amour, comment peut-on parler de salut ?

Éducatrice des consciences

Les évêques du Québec, dans leur message de mai 1974 sur la justice, reprenaient un souhait de *Gaudium et spes* (l'Église dans le monde de ce temps) : « Que tous prennent très à cœur de compter les solidarités sociales parmi les principaux devoirs de l'homme d'aujourd'hui et de les respecter... Ce qui ne peut se faire que si les individus et les groupes cultivent en eux les valeurs morales et sociales et les répandent autour d'eux. »

Malheureusement, comme le faisait remarquer Mgr Bernard Hubert, à l'occasion d'un panel des évêques sur les priorités pastorales de l'Église canadienne « il est assez étonnant de constater que les valeurs de libération, d'égalité, de justice, de solidarité — qui sont toutes d'origine chrétienne — apparaissent défendues et promues principalement par des groupes très distants de l'Église ».

Ce qui nous est souvent reproché, ce n'est pas d'être chrétien, c'est de ne pas l'être assez... Il est paradoxal, en effet, que toutes ces valeurs dont l'Église a fait la promotion avec patience au cours des siècles, soient devenues l'apanage presque exclusif des tenants de la manière forte et de la violence ; dès qu'un homme d'Église ou un chrétien engagé veut reprendre alors cette action, il est vite perçu comme un violent.

C'est tout le problème de la paix qui est en cause. Et le problème de la paix a un aspect spirituel qu'on est porté à oublier. « Le péril de la guerre, disait Pie XII dans son message de Noël 1951, a d'abord un caractère spirituel... Le nœud du problème de la paix est présentement d'ordre spirituel : il est déficience ou défaut spirituel. » Pour sauvegarder la paix et assurer la bonne entente, il faut faire appel aux vertus des participants. Et c'est dans ce domaine que se situe la mission de l'Église, éducatrice des consciences. Cette mission, dit Mgr Guerry, est irremplaçable : « elle atteint le cœur de l'homme ; elle le purifie de ses défauts, de ses égoïsmes ; elle l'appelle sans cesse à des tâches très nobles pour défendre et respecter les valeurs supérieures de justice, de vérité, d'unité, de paix... »

À l'occasion d'un référendum, pour la paix ou pour la guerre, qui va rappeler au citoyen qu'il doit exercer son droit politique en homme libre, que son vote est un acte noble, qu'il se doit de voter en connaissance de cause et qu'en conscience il aura à rendre compte et à témoigner de son action politique ? Que l'indépendance soit légitime, souhaitable, réalisable ou irréaliste et non viable, ce n'est pas à l'Église de le dire ; mais il lui revient sans doute d'éveiller un sentiment de dignité et de motiver le citoyen à se poser la question, à poser le pour ou le contre, à soupeser les avantages et les inconvénients, pour poser par la suite un geste libre, un geste libérateur, un geste de liberté vraie. C'est Napoléon qui disait : « Une nation a tout perdu quand elle a perdu l'indépendance. Vouloir l'indépendance, c'est accepter la liberté. »

Dépassionniser la question

On a toujours eu peur de ce mot à consonance révolutionnaire. C'est pourquoi, il y a peut-être risque sérieux à vouloir revendiquer ces valeurs à l'occasion d'un référendum, alors que les passions sont émoustillées ; mais ça restera toujours un défi compromettant que de

Ernest Simard   77

vouloir faire l'éducation des consciences. Cependant, dans un monde moderne en grand bouillonnement économique, politique et culturel, il ne faudrait pas que les chrétiens restent à l'écart du mouvement, laissant les autres (les forces du mal ?) mener la ronde : ne sommes-nous pas envoyés pour « porter la lumière où il y a la nuit, l'espérance et la joie, où règne la désillusion, la découverte spirituelle, où il n'y a que recherche terrestre et matérielle », fût-ce dans le champ du politique ?

Ça suppose chez les chrétiens une foi intégrée à la vie et une certaine unité entre la vie et la contemplation. Malheureusement pour beaucoup de chrétiens, chez qui il y a rupture entre la prière et la vie, il n'y a pas d'unité entre la prière et l'engagement social et politique. Pour beaucoup de chrétiens, la foi est conçue en termes de vie intérieure ; on oublie que, s'il est essentiel d'aller aux sources de notre foi, il est tout aussi essentiel de poser des gestes concrets pour défendre les droits fondamentaux de l'homme. Si la mission de l'Église est foncièrement spirituelle, elle s'exerce dans un complexe de réalités matérielles et rencontre les problèmes politiques où sont confrontées des valeurs spirituelles.

Si beaucoup de chrétiens engagés dans un service social au sens plein (je pense en particulier à nos chefs d'État et à tous ceux qui sont coincés dans les structures) sont portés à se couper de la source spirituelle, c'est qu'on n'a pas réussi à intégrer dans nos vies prière et action, engagement et contemplation, lutte pour la vie et émerveillement pour les valeurs de vie, l'humain dans toute sa dignité. Et là-dessus l'Église devrait s'interroger : la vie intérieure de l'homme, du citoyen par conséquent, sa vie de relation au Christ et à tous ses frères ne se situe pas à côté du quotidien matériel ; l'âme n'est pas plantée à côté du corps, mais elle anime le corps et une vie enracinée dans un monde politique...

Distinguer la politique et le politique

C'est toute la confusion du monde « politique » et de l'action « politique », Pour une fois au moins, le masculin l'emporte sur le féminin. Mais, qui alors, une fois pour toutes, peut faire le départage entre la politique et le politique, sinon l'Église en mettant d'avant une charité éprise de justice ? L'agir chrétien en est un de charité et de justice. Dans un passé encore récent, l'Église, avec sa conception étriquée du devoir d'état, a réussi tout au plus à créer entre chrétiens (ce qui était l'esprit du temps) des rapports de personne à personne, sans grande ouverture sur le « prochain au complet » contenu dans la société, la société politique. On a bien parlé un peu du bien commun (qu'on n'a jamais osé qualifier de politique), ces conditions d'épanouissement de la collectivité, sans réussir à sensibiliser les membres de cette collectivité au « dynamisme fondamental d'une société qui porte celle-ci, par des moyens appropriés, vers une destinée conforme à ses aspirations ». C'est tout l'ordre, sans couleur aucune, du bien commun, domaine privilégié du politique.

La politique, ou si l'on veut l'action politique, est davantage centrée sur l'individu, elle se déroule à l'intérieur d'un parti, marqué d'une couleur politique. Chaque parti a sa conception du bien commun et sa vision colorée des moyens à prendre pour en assurer l'épanouissement au sein de la société politique. D'où cet éventail des couleurs politiques, des idéologies plus ou moins partisanes, et cette multiplicité des partis politiques se situant sur la ligne des opinions, de l'extrême-droite à l'extrême-gauche, et à tous les points intermédiaires plus ou moins centristes. Chacun de ces partis se prétend le plus apte à promouvoir le véritable bien commun de la société, alors que sa vision du bien commun se limite ordinairement au bien individuel de ceux qui sont dans l'angle de vision du parti, à l'intérêt des partisans, à l'intérêt du parti, qu'il soit de la droite, du centre ou de la gauche. Seule la lentille de l'Évangile pourrait jeter sur toute cette ligne la lumière de la charité et l'éclairage d'une vraie justice.

Un éclairage, c'est plus important qu'un balisage dans l'obscurité. L'Église, les hommes d'Église si l'on veut, n'ont pas de directives positives ou négatives à donner à leurs fidèles, n'ont pas à orienter leur décision, à les encadrer dans des bornes précises : ils ne sont pas l'élite autorisée pour ce faire comme au siècle dernier. S'il fut un temps « où il suffisait d'aller à l'église pour apprendre tout ce qu'il fallait penser de la politique, de la moralité publique et de la vie éternelle », il n'en est plus ainsi... et la sagesse de l'Église n'en est pas affectée : son action se situe différemment aujourd'hui. Nos gens sont ignorants face à ces problèmes où leur avenir est engagé, c'est bien leur droit, mais ce n'est pas le privilège de l'Église de se taire et de ne pas s'engager chaque fois que des valeurs humaines sont compromises.

Ernest Simard   79

Éviter la compromission facile

Dans ce champ de compromission, sans pour autant se compromettre, la tâche de l'Église pourrait se résumer en deux mots : majusculer la politique, la masculiniser si l'on veut. L'Église se doit de rappeler les principes élémentaires d'une éthique chrétienne, de l'éthique tout court, face à une option de cette importance et à un libre choix à faire dans des circonstances vitales pour notre peuple ; elle se doit de dénoncer la démagogie, fût-elle de nos chefs constitués en autorité, de mettre les citoyens en garde contre la lutte ouverte entre Canadiens français, de les inviter à ne pas se laisser diviser entre eux, de les prémunir contre le chantage des détenteurs du pouvoir, contre les déclarations alarmantes de certains leaders, trop souvent au service d'un parti politique, à la remorque de la politique de parti.

La politique de parti, la grande maladie de notre peuple, voteur « par sentiment » ! Elle se situe toujours au niveau des hommes et des intérêts particuliers, trop souvent foyer de favoritisme, de patronage, de partialité, d'injustice, contre d'autres hommes ; l'idéologie politique, elle, se situe au niveau des idées, du bon sens, de la sagesse politique, de la fierté, de la fidélité ; elle suppose de l'impartialité et le courage de porter les ennuis qu'elle suscite forcément. Mais trop souvent, dans la chaleur de l'action et sous la poussée de l'ambition personnelle ou idéologique, elles en viennent à se confondre. Au début des années 60, un jeune intellectuel canadien lançait un cri, ressemblant étrangement à celui de Jean XXIII qui se proposait, en annonçant Vatican II, « d'ouvrir les portes de l'Église pour secouer la poussière des siècles » qui l'empêchait de respirer vraiment. « Ouvrons les frontières, criait le futur chef, ce peuple meurt d'asphyxie. » Malheureusement, c'était un rêveur qui, arrivé au pouvoir, s'est empressé de fermer les issues, et la menace d'asphyxie demeure. Nos politiciens n'ont pas tous les charismes d'un Jean XXIII ni la pureté de son humour...

Face à un choix, il faut se poser des questions en toute bonne conscience. Il y a peut-être de bonnes raisons pour la séparation et sans doute aussi de sérieux inconvénients. Il y a sans doute de sérieuses raisons pour un « statu quo » amélioré, mais peut-être aussi de bons inconvénients. Des deux côtés, les promoteurs sont sérieux, mais intéressés et possiblement entêtés. Seule une réflexion

L'Église et le référendum

intelligente et une volonté ferme de participer lucidement en posant un geste éclairé peut nous situer sur un choix libre, le nôtre. Dans cette question d'importance capitale, qui alors va pouvoir maintenir le débat à un niveau sain ? Comme institution qui est partie prenante dans l'avenir de notre peuple, l'Église se présente comme un groupe social important, comme un interlocuteur sérieux qui a quelque chose à dire au nom de l'Évangile et de sa responsabilité dans la formation des consciences.

Quand les gens avouent leurs fautes en dehors du confessionnal, ils se limitent à deux fautes primitives : le vol et l'homicide, qu'ils n'ont pas fait... Comme si la morale traditionnelle s'était limitée à lutter contre ces deux manquements portant atteinte au prochain dans ses biens et dans sa personne ! Dans un monde plus évolué, il y a d'autres secteurs en souffrance : c'est ainsi qu'on s'est tellement attardé aux fautes de sexe que l'échafaudage dressé sur ce terrain s'est effondré dans les dernières années. Il serait temps de déceler les fautes contre le bien commun ; et si la confession était davantage pratiquée, on pourrait facilement se découvrir alors des fautes politiques... Et face à l'absolution collective, il faudrait peut-être s'avouer des fautes collectives graves, celles d'un non-engagement politique.

Conclusion

Est-ce à dire que l'Église pourrait s'impliquer sans se prononcer sur la question du référendum ? Il y a peut-être une façon de le faire avec la diplomatie habituelle des hommes d'Église. Je retiens pour le moment ces paroles récentes d'un évêque canadien à un groupe qui s'interrogeait sur la question : « Personnellement, je considère comme absolument stupide de prétendre que Dieu soit vraiment intéressé à ce qu'il y ait deux pays ou dix pays sur l'actuelle étendue territoriale du Canada. Je pense qu'il continuerait à bien s'arranger avec nous même si nous nous divisions en principautés aussi petites que celle de Monaco. J'ai toujours été quelque peu stupéfait, sinon amusé, par la tendance des êtres humains à croire que les options, qu'elles soient économiques ou politiques, sans parler de leurs options guerrières, sont également partagées par Dieu. »

Ce propos de cuisante actualité de Mgr Gerald Emmett Carter, archevêque de Toronto, est une de ces sortes de phrases (de l'humour

Ernest Simard   81

anglais sans doute !) que j'ai toujours eu de la difficulté à comprendre : sa neutralité est si recherchée que le sens que j'en perçois me déconcerte. Quoi qu'il en soit, si Dieu ne partage pas nos options dans ces domaines, il est sans doute intéressé à ce que nos choix soient lucides, éclairés, pondérés et honnêtes avec ce que nous sommes : en nous créant à son image et ressemblance, il nous a voulus libres et capables de liberté responsable.

Quant à moi, en tant que citoyen du Québec, encore tributaire d'un passé fortement cléricalisé, je comprends mieux le mot direct de Mgr Courchesnes, alors évêque de Rimouski, s'adressant il y a quarante ans à des cultivateurs s'interrogeant sur leur avenir ; les invitant alors à prendre en main leurs affaires, la seule condition pour vivre dans un environnement de liberté, il leur disait : « Mes amis, mêlez-vous de vos affaires, mais mêlez-vous-en ! » Dans bien des secteurs depuis, on s'est mêlé de ses affaires, dans le sens qu'on s'en est occupé, qu'on a assumé ses responsabilités, qu'on a pris en mains son avenir. On a été invité « à réfléchir et à participer », et cela a eu un certain succès.

Dans tous les domaines où la promotion humaine était en jeu, et où la liberté était à conquérir à bout de bras et à force de convictions, l'Église a pris parti pour les faibles et les exploités : avec la coopération, le syndicalisme, les soins de santé et de services sociaux, l'enfance délaissée et l'adolescence exploitée, sans oublier son cheval de bataille privilégié, l'école, l'Église s'est battue pour assurer à notre population ce qui était requis par la dignité d'homme. Un domaine qui lui est davantage étranger, où la pourriture était plus facile et plus éloquente aussi, c'est la politique, c'est-à-dire l'agir politique, l'action, l'engagement.

Face à la politique et aux problèmes qu'elle soulève, on est porté à dénier le rôle de l'Église « dans ce domaine pourri ». C'est sûr que la pourriture dans laquelle se vautrent certains politicailleurs, et où ils attirent la clientèle facile, les nouilles de la politique et les caméléons faisant la queue à la porte du pouvoir, ce n'est pas une terre propice pour véhiculer les valeurs de l'Évangile. Mais il y a politique et politique ! Ceux qui font de la « petite politique » de bouts de chemin et de privilèges, de patronnage et de beurriers argentés, ceux-là sont indignes de parcourir les avenues de l'Évangile. La vraie politique, le politique, c'est-à-dire le bien commun politique, c'est différent...

Si l'homme est, au départ, un « animal politique », selon la définition d'un sage de l'Antiquité, voilà qui le rattache intimement à Dieu, qui l'a créé pour vivre avec d'autres et partager avec eux les soucis de l'organisation commune de la vie en société, la réalisation du bien commun, l'action la plus noble qui soit. On fait actuellement beaucoup de bruit autour de la question de l'avortement, dénoncé à bon droit par l'Église ; face au viol des consciences pratiqué par nos politiciens, il ne faudrait pas hésiter à utiliser la même audace pour le dénoncer.

Sans croire mordicus au mot de Gide : « C'est en étant le plus national qu'on est le plus universel », si au moins l'Église, qui se veut universelle, invitait nos chefs responsables, nos hommes politiques à la franchise ! Une lutte honnête, visière levée, c'est digne du Royaume de Dieu...

Ernest Simard

RÉFLÉCHIR SUR UN CHOIX

Michel Despland

Michel Despland est professeur de Sciences religieuses à l'Université Concordia de Montréal. Membre du comité de rédaction des CRE. Auteur de Kant on History and Religion *(McGill-Queen's University Press) et d'un ouvrage sur* Le Choc des morales *(Éditions de l'Âge d'Homme, Lausanne). Publiera prochainement aux Éditions Fides* La religion en Occident : histoire d'une idée, métamorphoses d'un vécu.

Il y a 14 ans que je suis à Montréal ; j'y ai découvert que rien au monde n'est capable de m'attrister autant que les raisonnements nationalistes que l'on trouve dans certaines lettres adressées à l'éditeur du *Devoir*. Rien sinon le ton de certains propos que l'on trouve dans le *Suburban*. Je connais maintenant le tonus émotif de l'enfer. Tous y baignent dans la douce chaleur que génère la médiocrité vicieuse et sûre d'elle-même. L'illusion de la vie s'y perpétue, chacun sécrétant en paix ses poisons derrière sa vitre. Un dieu vraiment infernal ne permet pas à cette haine de déboucher sur le meurtre : l'enfer alors redeviendrait vivant et il faudrait le gouverner. (Un dieu infernal est paresseux.)

* * *

L'histoire politique des peuples est pleine de mouvements d'idées, de lentes — ou subites — montées d'évidence. Dans la mouvance de ces vagues, des options surgissent et certains nous assurent que les options premières sont les seules et qu'une seule va dans « le sens naturel de l'histoire ». Quel bel alibi que l'histoire ! À quoi bon réfléchir avant de « choisir » si « le sens de l'histoire » a déjà dicté l'avenir ! Les penseurs modernes ont souvent horreur de ceux qui se bornent à expliquer le monde : ils se donnent pour tâche de transformer le monde. Hélas, dans leur hâte, ils ne réussissent souvent qu'à justifier les transformations que l'histoire semble leur dicter. Où donc est la dignité de celui qui veut faire son avenir ? (Et où est la voix de ceux qui cherchent à comprendre le monde ?)

Rappelons donc que ces montées d'évidence peuvent être des mirages. L'intelligence humaine ne doit pas se laisser engluer. Ces jeux d'idées claires, de sentiments profonds, doivent être analysés.

L'intellectuel doit surtout dénoncer les halos légitimants qui viennent se poser sur les options en présence. L'œcuménisme ne doit pas venir au secours de l'unité canadienne. L'Exode et la théologie de la libération ne doivent pas non plus être utilisés pour faire taire les scrupules de ceux qui hésitent devant le projet souverainiste. L'Évangile n'est pas un colorant qu'on ajoute aux sauces. C'est un éclairage dans nos cuisines. Le goût de l'éternité ne se met pas dans l'œuvre temporelle. Il permet à l'œuvre temporelle de se connaître comme temporelle, c'est-à-dire transitoire et, au mieux, pétrie d'une rationalité ouverte qui ne cesse de se chercher, de se dépasser.

* * *

Aujourd'hui les halos légitimants sont rarement religieux au sens traditionnel du terme. Des mots pâles : « il est naturel », « il est normal », surgissent dans les textes et viennent leur donner le ton d'une infaillibilité tranquille, post-tridentine. Mais des dogmes plus inquiétants montrent quand même l'oreille dans ces textes qui se veulent si sains, si assainissants. Le docteur Camile Laurin, par exemple, connaît la marge de manœuvre du Tout-Puissant : le destin, écrit-il, ne pouvait que choisir René Lévesque comme accoucheur de notre liberté.

* * *

Une société a besoin d'images qui viennent y renouveler le sens des possibilités morales. Soyons précis : ces images ont un contenu affectif, mais elles n'invitent à des possibilités morales que si elles se font le véhicule émotif d'un projet humain, raisonnable. La possibilité morale qu'il s'agit d'évoquer et de susciter, c'est la rencontre des êtres, non la fusion des cœurs. Il y a trop d'individus dans notre société dont le cœur est différent pour pouvoir — en droit — envi-

Anglo-Saxons sont des pragmatiques matérialistes (protestants matérialistes disent certains, capitalistes matérialistes disent d'autres). Pourtant notre gouvernement « nationaliste » a fabriqué un Livre blanc sur la culture où il a eu le courage de dire que la malnutrition sévit gravement au Québec et que les Québécois dépensent moins pour leurs bibliothèques que tous les autres Canadiens. Dire ces vérités c'est partir d'un très bon pied.

*   *   *

Le Québec a le droit de faire l'indépendance, d'accéder à la souveraineté. S'il le veut. Aucune morale ne saurait l'interdire. L'opinion internationale, et même celle des neuf autres provinces, le reconnaîtra sans peine ou devrait le reconnaître. Et les neuf provinces pourront toujours se consoler en se disant que si le Québec se trompe, c'est lui qui en fera les frais. Les Îles de la Madeleine aussi ont « le droit » de faire l'indépendance si ce projet rallie leurs énergies. Pourquoi ne seraient-elles pas un petit État comme les autres, comme le Liechtenstein si prospère, comme la république d'Andorre ? Et la civilisation madelinote diffère de la civilisation québécoise tout autant que la monégasque diffère de la française. La question morale est de savoir s'il est bon de lier sa dignité avant tout à l'exercice de ce droit. Le Québec est plein d'adultes qui ont le droit de fumer mais ne fument pas. Et qu'on ne nous charrie pas avec la question de la viabilité. Tous les États de l'ONU sont viables. Il leur suffit d'ajuster leurs dépenses au niveau de leurs revenus et d'avoir la politique de leurs moyens. Le problème moral surgit lorsqu'on se demande si les coûts et bénéfices éventuels des changements apportés par la souveraineté seront distribués équitablement.

*   *   *

La formule « souveraineté-association », comme tous les vrais coups de maître en politique, a eu une efficacité qui a pris tout le monde par surprise. L'opinion maintenant demande qu'elle soit « élaborée », « précisée ». Cela me semble impossible, car cette formule, bâtie comme un caméléon, peut prendre toutes les couleurs. Toutes les théories politiques affirment que la souveraineté est *légalement* absolue ou n'est pas, et que l'association *légale* aliène les libertés. Émotivement on peut se sentir libre et lié ; c'est vrai des unions conjugales dans leurs meilleurs moments. Légalement on est lié ou on ne l'est pas. Les dix provinces regroupées dans l'État

Réfléchir sur un choix

sager la fusion. La voie vers la dignité pour notre société passe par une franche acceptation du pluralisme.

Je ne parle évidemment pas du pluralisme d'une société de consommateurs, où chacun cultive des goûts privés qui ne nuisent pas, loin de là, au fonctionnement de l'économie. Je parle d'un pluralisme culturel qui, à l'intérieur d'une société donnée, maintient le dialogue, vraiment le dialogue, entre ses différentes composantes. Le défi est de taille. Comment protéger la rencontre des êtres dans la société plus ou moins post-industrielle ?

Le Québec a une conscience très vive de ce problème. Il y a 15 ans, le nationalisme canadien-français se nourrissait de griefs, était fondé sur une expérience empirique du Canada et surgissait par exemple à l'occasion d'une déclaration d'un président du CN. Les choses ont bien changé. Maintenant, c'est en plongeant au fond de soi-même que l'on renouvelle son patriotisme. Le Québec a une bien meilleure connaissance empirique de soi-même (songeons aux 26 volumes de l'Office de Planification). Un réalisme intelligent discerne des limites à la marge de manœuvre. Est-ce qu'on a tant besoin de se parler d'amour parce qu'on a découvert le poids des déterminismes économiques ? Cherchons-nous un renouveau culturel propre à établir une vive communion précisément parce que notre travail pour le pain quotidien ne cesse de nous opposer les uns aux autres ?

Les images du possible moral sont lentes à surgir ; leur absence est désespérante. Mais des images-chocs, simples, masquant le désespoir par l'illusion, ne font que hâter la descente dans le nihilisme. La compensation dans le rêve soulage et même rafraîchit les subjectivités. Une vie collective me voit plus exigeant : pour assurer la rencontre de tous, il faut être attentif à tous et cela demande une grande disponibilité à la vérité de l'autre, une grande capacité d'écoute, une grande attention aux petites vérités. Les « grandes vérités » émotives ne facilitent pas cet art de faire face à la vérité.

* * *

Les agents recruteurs du mouvement nationaliste cherchent des arguments susceptibles de m'émouvoir. Je me suis laissé dire par exemple qu'on mangeait bien au Québec. On y mange à la française, alors que la gastronomie en Ontario ne se hisse pas au-dessus du « hot dog » et du « milk shake ». Je me suis laissé dire que les Québécois tiennent à leur culture et à la culture, alors que les

Michel Despland   87

fédéral sont dans un état de souveraineté-association : chacune est souveraine en certaines matières et subordonnée en d'autres par le fait des clauses du lien d'association. Et deux super-puissances, deux États indépendants comme les USA et l'URSS sont aussi l'une par rapport à l'autre en état de souveraineté-association. La liberté souveraine de chacun est aliénée par des engagements réciproques qu'ils ont pris, au sujet de Berlin par exemple.

Le Projet péquiste est un projet de dissociation-association. Ce que la formule souveraineté-association permet de masquer c'est jusqu'où ira la dissociation. Jusqu'à l'absolu émotivement cathartique ? Jusqu'à l'émancipation totale, purifiante, qui rompt avec tout le passé honni ? Ne serait-il alors pas plus « authentique » de remettre le processus de réassociation à quelques années plus tard ? Ou le processus de dissociation s'arrêtera-t-il quelque part pour ne pas compromettre les chances d'une réassociation heureuse ? Et jusqu'où ira la réassociation ? Jusqu'à une alliance perpétuelle ou seulement jusqu'à des accords renouvelables ? Je tiens à ce que le Parti québécois précise sa politique sur ces choses. Je suis aussi convaincu qu'il ne pourra pas le faire tant qu'il s'abritera derrière la formule souveraineté-association, formule qui est inclarifiable. Souveraineté-association, c'est au fond l'étiquette savante donnée à une aspiration : avoir tous les changements libérateurs en ayant le moins possible de changements dislocateurs. Ce n'est pas une méthode pour réaliser cette aspiration. Ce projet ne saurait être traduit dans un trajet. Et j'ajoute que tant que le mot souveraineté sera dans la formule, je resterai convaincu que le projet péquiste est la souveraineté non qualifiée, siège à l'ONU, droit légal de contracter toute alliance internationale, etc.

*   *   *

Il y a encore d'autres incertitudes. Le référendum nous invitera à nous prononcer sur un projet indéfini. Il nous invitera à poser un geste d'une portée incertaine. Le référendum québécois, en effet, n'est pas comme le référendum californien ou suisse, un geste par lequel le peuple souverain fait la loi en se prononçant sur un bill et en se substituant pour une fois à l'assemblée législative. Ce n'est pas non plus le plébiscite français c'est-à-dire un geste par lequel le peuple confirme, appuie un projet précis sur lequel le gouvernement s'est engagé. Si l'on se fie aux apparences aujourd'hui, le Parti québécois nous demandera plutôt de lui accorder un appui moral,

Michel Despland

avec lequel il ira négocier sans pour autant nous permettre d'exercer un contrôle sur le mandat de nos négociateurs. Cela ressemble trop à un chèque en blanc. Depuis Honoré Mercier, la plupart des premiers ministres québécois ont senti cet appui moral. Depuis Duplessis, tous l'ont senti vivement. Pourquoi alors un référendum antérieur aux négociations ? Parce qu'il faut sortir du maquis fédéral-provincial ! Mais comment marquer un tournant dans l'histoire des négociations en posant un geste à portée incertaine sur un projet indéfini ? La morale péquiste nous invite à prendre en main notre destin. La politique, par contre, enduit nos doigts de beurre avant de nous inviter à empoigner une anguille. On ne m'ôtera pas de la tête que, tant que cette étiquette demeure, seules l'imprécision et la confusion permettront au Parti québécois de recueillir plus que 20-25% de « oui ». Le projet souveraineté-association condamne le parti, semble-t-il, à un manque de déontologie politique, ce qui est grave quand on a, sur ce chapitre, tant de réussites à son actif.

*　　*　　*

De toute façon l'art de « prendre en main » son destin ne s'applique pas entièrement à un projet qui inclut l'association. Le projet de souveraineté dicte un certain type de relations avec ceux dont on veut se dissocier. On répartit l'actif et le passif. On se ménage mutuellement pour assurer que les relations futures nécessairement froides soient correctes. On prie fermement les Canadiens des neuf autres provinces de ne plus nous dire combien ils nous aiment et combien de choses ils peuvent faire pour nous. On leur assure qu'on saura se débrouiller. Et on les laisse se débrouiller. On ne se charge pas de faire leur thérapie pour leur permettre de faire face à notre départ.

La présence d'un projet d'association rend les choses plus complexes. Il faut que les Canadiens des neuf autres provinces gardent tout au long du processus le goût de s'associer avec nous, pour que leurs leaders politiques soient en mesure de nous offrir des conditions d'association qui soient intéressantes pour nous. Il faut donc, par politique, garder l'œil sur leur psychologie, leurs propres images.

*　　*　　*

Les milieux péquistes en général connaissent mal les Canadiens anglais. Certes les chefs péquistes savent très bien l'anglais. Mais ils ne s'en servent que pour lire le *Financial Times*. En connaissez-vous un qui lit de la littérature canadienne-anglaise ? Le chapitre sur la culture canadienne dans le Livre blanc raconte des bêtises. On est aussi porté à sous-estimer la marge de manœuvre des Canadiens anglais. (Ils ont besoin de nos marchés, dit-on. Par ailleurs, on tend à les écarter de ce marché.) On sous-estime leurs aspirations politiques. (Ce sont des pragmatiques, dit-on, qui se laisseront guider par leurs intérêts économiques.) On se laisse induire en erreur par la gauche salonarde de Toronto qui a pris l'habitude de flatter les Québécois : « on a besoin de votre dynamisme culturel », nous disent-ils, « on appuie vos aspirations, sans vous on serait des Américains. » On oublie que Calgary, Vancouver, Toronto sont pleins de gens qui ne manquent pas de confiance en eux-mêmes et seraient prêts à donner un essor nouveau à un Canada anglais qui serait libéré de la dimension francophone, mais vraiment libéré. Le manque d'attention aux réalités empiriques des neuf autres provinces permet de craindre que le projet d'association parte mal.

*   *   *

Et pourquoi ne parle-t-on pas des questions de citoyenneté ? Une fois la souveraineté faite, il y aura à Ottawa un État qui donnera des passeports canadiens aux citoyens canadiens et à Québec un État qui donnera des passeports québécois aux citoyens québécois. Une élite ira vite à Roissy montrer ces nouveaux passeports, le cœur gonflé d'orgueil. Mais ce n'est pas tout.

Certaines ramifications légales de la souveraineté politique sont bien connues : seuls les citoyens canadiens votent dans les neuf provinces, seuls les citoyens québécois votent au Québec. Tous ceux qui votent « non » à l'indépendance doivent choisir. Ils peuvent céder à la majorité et prendre la citoyenneté québécoise. Le droit international est formel : ils ont aussi le droit de garder leur citoyenneté canadienne. C'est alors que les choses se compliquent. Iront-ils se réfugier dans l'une des autres provinces ? Resteront-ils au Québec, sans droit de vote, pour devenir les candidats malchanceux à tous les emplois offerts de préférence aux seuls Québécois, pour y payer les frais de scolarité plus élevés réservés aux étrangers ? Si les forces de dissociation nous mènent jusqu'à la souveraineté, il est clair que ces forces tendront à mettre fin au droit légal d'établissement des Canadiens par tout le Canada. On a déjà commencé à mettre des obstacles à l'exercice de ce droit. (Cela en fait est juste : il n'est pas

Michel Despland   91

bon qu'un Canadien anglophone puisse s'établir au Canada francophone sans avoir à payer les coûts imposés à celui qui fait le voyage inverse.)

Il faut bien se rendre compte que l'établissement de deux citoyennetés distinctes ne fait pas que rétablir une symétrie. Cela abolit des droits légaux. Les gens de Toronto qui veulent s'établir à Montréal iront au consulat québécois chercher un visa d'immigrant, feront la queue avec les Haïtiens et les Italiens, passeront un examen de français et ensuite passeront par les Centres d'accueil et de formation des Immigrants. Et ces procédés seront réciproques. Certains nationalistes souhaitent un tel état de choses. D'autres pas. Mais pourquoi n'en parle-t-on pas ? Un référendum sur la souveraineté a de très nombreuses ramifications. Un 51% de « oui » impose à la minorité une défaite autrement plus cuisante que celle éprouvée par les partis qui perdent une élection.

*   *   *

Être un bon gouvernement provincial et faire avancer le projet souveraineté-association est, au mieux, une posture de transition. Vite, néanmoins, cette posture contribue au pourrissement des relations entre les francophones et les anglophones au pays. Nos ministres québécois vont aux rencontres fédérales-provinciales marchander des millions comme n'importe quelles putains du fédéralisme rentable. Sauf qu'ensuite, ils se refont une virginité idéologique en se plaignant d'avoir été violés et en réaffirmant leur volonté de rompre le cadre actuel des échanges. Nos partenaires vont-ils croire que la menace de sécession est une tactique pour rendre le fédéralisme plus rentable ?

Il faut rompre le cercle vicieux, dit justement René Lévesque. Il nous faut une association à laquelle on puisse participer loyalement (par volonté politique) ou une sortie franche. La posture de transition ne peut donc se prolonger indéfiniment car elle érode le respect moral que les candidats à l'association ont les uns pour les autres.

*   *   *

La loi 101 n'est pas si mauvaise. Surtout elle a rendu bien clair à tout le monde que la volonté de francisation était irréversible. Les erreurs du bill sont peu graves : que les anglophones ou allophones francophobes s'installent ailleurs n'est à la longue une perte pour personne.

Ce succès amène néanmoins deux interrogations.

1) Faut-il accepter les autres projets du Parti québécois par reconnaissance ou faut-il souligner que le fédéralisme — avant même d'être renouvelé — a permis au moins une rupture avec les cercles vicieux que nous avons hérités du passé ?

2) Dans dix ans, il n'y aura au Québec que des anglophones intelligents. Ils sont déjà très scolarisés. Ils seront en plus bilingues. Vont-ils se laisser marginaliser ? Ils seront probablement plus actifs, plus compétitifs dans la vie québécoise. Cela évidemment sera d'autant plus vrai si les francophones, rassurés par la loi 101, se reposent dans l'unilinguisme.

*   *   *

Les erreurs du Livre blanc sur la culture sont beaucoup plus graves. Car ceux qui restent vont en pâtir, non ceux qui partent. Un État qui donne tout aux citoyens est aussi un État qui peut tout leur prendre. Le Livre blanc n'est pas tout entier bâti sur une telle ambition, loin de là. Nombreuses sont les pages qui soulignent que la culture est saine dans la mesure où les actions surgissent de plusieurs centres adhérant à des valeurs différenciées. Mais le pluralisme n'est pas toujours accueilli comme une force dans ce Livre. Le ton, le choix des priorités le traitent parfois surtout comme une faiblesse. Cela est inquiétant. Les choix existentiels collectifs doivent laisser des espaces pour les choix individuels, ou alors on forme une identité collective qui est un carcan pour les identités personnelles.

*   *   *

Le Canada a produit des sensibilités nationalistes canadiennes (Henri Bourassa, John Diefenbaker). Il a aussi produit des sensibilités nationalistes provinciales (les premiers ministres provinciaux hauts en couleur ; la palme en ces matières revenant à Maurice Duplessis). Ce choc de nationalismes rivaux est la donnée de base que les fédéralismes cherchent à résoudre. Le Canada a produit des slogans qui se croyaient fédéralistes mais n'a pas encore produit de sensibilité fédéraliste. Pendant que des nationalismes incompatibles cherchaient à s'étrangler mutuellement, une petite élite du *Central*

Michel Despland   93

Canada (commerçants de Toronto, politiciens à Ottawa, anglophones montréalais, se flattant d'avoir des amis bilingues) ont fait marcher l'économie. Ces gens aujourd'hui ont perdu le pouls du pays, s'ils l'avaient jamais eu. Une fois ceux-ci discrédités, les régionalismes s'affirment sainement. Le fédéralisme commence peut-être à avoir ses chances.

En fait, le fédéralisme est un bi-nationalisme, un modus vivendi qui s'oppose à la robe sans couture, d'un océan à l'autre, tout autant qu'à la coupure radicale entre Québécois et les autres. Dans ma boule de cristal, je vois enfin des auspices favorables pour le fédéralisme au Canada. Avec le Québec français, l'association fédérale a cessé d'être le biais d'une agression culturelle. Le fédéralisme dès lors peut devenir l'outil qui rétablit les équilibres nécessaires aux relations déséquilibrées. C'est aussi, j'en suis sûr, un arrangement politique qui peut donner à de plus nombreux Québécois le sentiment de contribuer pour quelque chose de bon. Mais pour avoir ce plaisir, il faut évidemment s'y engager et donner quelque chose de soi-même. Il ne suffit pas de s'entendre dire qu'on y contribue en quelque chose d'irremplaçable.

* * *

Je tiens à la vitalité du fait français sur ce continent. Non parce que cela assurerait ma survie. Non parce que cela est exigé par ma participation à un inconscient collectif. (La France, qui a fait la Nouvelle-France, était aussi celle des Bourbons, c'est-à-dire de toutes les Frances, la seule qui m'est odieuse.) Mais par un souci de bien-être, je tiens à des pluralismes culturels au sein de ce puissant regroupement humain qui occupe l'Amérique du Nord.

* * *

Il y a en fin de compte un seul argument. Quand on est six millions de francophones voisins de 210 millions d'anglophones, il faut rester fidèle à soi-même et il faut se trouver des alliés. Obtenir que 15 millions d'anglophones fassent des compromis à leurs simples aspirations pour collaborer à notre volonté de vivre en français vaut que l'on examine en retour quels compromis on pourrait faire. Tant que le Canada dure et marche, les James Richardson peuvent être écartés du pouvoir central et 15 millions d'anglophones, en principe, savent quelle est la première seconde langue qu'ils devraient apprendre. Le jour de la souveraineté, ces alliés sur le plan politique seront perdus. Les récupérer au niveau économique ne compensera pas la perte. Certes ces alliés sont peu sûrs. Ils sont humains. Ce ne sont pas des anges, rapides, invincibles, brandissant des épées de feu. Ce sont les seuls alliés qu'on a. Notre marche vers les gestes libérateurs doit donc être tempérée par le soin qu'il faut prendre de cette association dans laquelle nous trouvons à la fois utilité et chaleur.

* * *

J'attends donc un nationalisme québécois qui trouve le ton juste. On s'en approche. Le ton juste fera que le « nationalisme » sera enfin le gardien des intérêts « nationaux » dans la mouvance de l'histoire. Un nationalisme intelligent, donc précis, ouvert. Je refuse en effet de croire que la volonté aveugle soit la base de la grandeur d'un peuple.

Post-scriptum pour les intellectuels

La scène politique est facilement confuse ; peut-être l'est-elle inévitablement. Les intellectuels en général ont le goût de la précision, de la lucidité. Mais de nombreux intellectuels, en se mettant à « faire de la politique », semblent perdre aussitôt les vertus correspondant à leur vocation. Leurs élans sont souvent faciles et ne font qu'ajouter à la confusion en donnant un vernis savant à certaines illusions. Par exemple, ils croient qu'ils approfondissent tout par la pensée et n'agissent qu'au nom des impératifs les plus rigoureux. Ils sont aussi souvent portés à croire que les autres obéissent à de vils motifs (peur, goût du gain) ou ne sont que de pauvres moutons manipulés par des méchants. Il faut dénoncer les prétentions de ces pseudo-intellectuels. Non pour les accuser d'être eux aussi des formes inférieures de la race humaine qui ne mettent dans leurs paroles que le bruit de leurs pulsions. Mais pour les interpeller : votre pensée est-elle aussi lucide, votre logique aussi rigoureuse que vous le croyez ? De là un premier objet, discerner les imprécisions, les fautes (au sens d'erreurs) dans les propos moraux qu'on nous tient sur l'avenir politique du Québec. Il y a aussi un second objet : exorciser en moi ce qu'il y a de confus et chercher à en rendre compte, clairement.

* * *

Michel Despland

D'autres personnages hautement scolarisés n'utilisent les dons de leur intelligence que pour faire des calculs, simuler des scénarios, établir des stratégies. La technique politique est l'objet de beaucoup de pensée, à Ottawa ou à Québec. À ces pseudo-intellectuels qui se soucient de hausser ou de baisser le pourcentage des « oui » du référendum, il faut demander s'ils sont capables de *penser* la politique. Quelles sont les fins des associations propres aux êtres humains ? Quelles sont les qualités à cultiver dans de telles associations ? Quel rôle appartient aux « minorités », qui sont toutes différentes, font toutes un apport différent, ont toutes des attentes différentes ? Les regrouper sous l'étiquette « minorités », c'est déjà commencer à les méconnaître. Se définir comme « majorité », c'est d'ailleurs aussi commencer à se méconnaître, car c'est masquer la diversité des intérêts de ceux qui forment, sur une question, la « majorité », et simplifier à outrance les modes d'insertion de ceux-ci au sein de l'ensemble.

Réfléchir sur un choix

les groupes concernés

LA SIGNIFICATION ÉCONOMIQUE DE LA SOUVERAINETÉ-ASSOCIATION

Pierre Harvey

Pierre Harvey obtint un doctorat en économique de l'Université de Paris. Professeur à l'École des Hautes Études Commerciales de Montréal. Conseiller au programme pour le Parti québécois.

L'économie domine largement le débat sur la souveraineté du Québec et le concept de souveraineté-association constitue une forme générale de réponse à cette préoccupation. L'idée d'association couplée à celle de souveraineté a pour fonction la prise en compte, d'entrée de jeu, des liens économiques qui unissent le Québec et le reste du Canada.

Notons cependant que l'importance des liens en question ne concerne pas que les marchés des biens, services et capitaux. Dans ces trois domaines, les relations Québec-États-Unis, comme d'ailleurs les relations du Canada anglais avec le voisin du sud, sont aussi très lourdes de conséquences. En ce qui concerne le Québec et le reste du Canada, plus que les marchés, conçus comme aires d'inter-échanges, ce sont les institutions directement ou indirectement reliées au gouvernement fédéral qui importent. Vue sous cet angle, l'association, couplée d'emblée à la souveraineté, a alors surtout comme fonction de constituer un raccourci : il s'agit de couper court à la séquence constituée d'une simple rupture, suivie elle-même de la nécessité, qui serait d'ailleurs vite perçue de part et d'autre, de renouer certains des liens assurés à l'heure actuelle par le biais des institutions fédérales.

Il ne faut cependant pas se laisser aller à croire que les opérations jumelées d'accession à la souveraineté et d'association ainsi menées de front n'auront aucune signification économique du fait qu'elles aboutiront pour une bonne part à remplacer certaines institutions fédérales actuelles par des organismes communautaires. Ce que prétendent certains quand ils ressassent à l'infini la parabole simpliste du « divorce et remariage » : l'opération souveraineté-association remplace des relations de « domination » par des relations de « coopération ». Cette substitution risque de modifier fondamentalement la place économique du Québec et, partant, des Québécois dans l'ensemble canadien.

Opposer ainsi « coopération » à « domination » oblige cependant à préciser le vocabulaire. Il n'est pas question, en effet, de prétendre que les Québécois soient victimes, dans la situation actuelle, d'une *volonté* de domination que manifesterait et exercerait l'autre collectivité, du moins de façon générale et consciente. Le mot « domination » est ici utilisé au sens précis et fort utile que lui a donné l'économiste français François Perroux, de *relations asymétriques*, un groupe exerçant sur l'autre groupe des influences qui n'ont pas de contreparties équivalentes, soit par suite des différences de taille, soit par suite d'avantages acquis antérieurement du fait de la taille ou de l'exploitation de circonstances historiques favorables. Par opposition, la coopération véritable suppose une certaine symétrie des relations, ce qui est assuré dans les institutions coopératives ordinaires par le principe d'« un homme, un vote ».

Il n'est pas question non plus de prétendre que cet « effet de domination » résulte d'un refus de jouer le jeu dans les règles démocratiques. Au contraire, c'est précisément la combinaison de la règle démocratique et des avantages dont profite une collectivité par rapport à l'autre qui accentue et consolide l'asymétrie des relations qui unissent les deux groupes concernés.

C'est déjà un premier défi que de vouloir sauvegarder la règle démocratique tout en réduisant l'effet de domination. Ce qui ne peut être obtenu que par une atténuation de l'asymétrie des relations, donc une association analogue à celle que l'on trouve dans les organisations coopératives, si on les compare, par exemple, aux compagnies par actions. Il est en effet indéniable que se trouve appliquée dans ces dernières une certaine forme de principe démocratique, mais une forme qui précisément laisse jouer à plein les avantages acquis par la possession d'une part significative du capital. Pour le Québec, passer des institutions économiques du fédéralisme à la souveraineté-association, c'est un peu comme de passer d'actionnaire minoritaire d'une compagnie par actions à membre à part entière d'une coopérative. S'agissant d'une collectivité nationale et non d'un individu, une telle substitution d'institutions a encore plus d'importance.

Dans le cas d'une collectivité, en effet, la combinaison de la règle démocratique, au plan politique, et de l'effet de domination, au plan économique, a pour conséquence normale d'ouvrir de plus en plus entre le groupe dominant et le groupe dominé l'écart manifesté par les niveaux de revenu, les niveaux d'emploi, mais surtout le taux global de croissance d'une région donnée, en l'occurrence le Québec, lorsque la collectivité « dominée » se trouve identifiée à une région. En ce qui concerne le Québec, cette situation ne peut aller, d'ailleurs, dans le cadre actuel, qu'en s'aggravant, puisque selon toute probabilité, si l'on se fie aux projections des démographes, le Québec qui représente 27% de la population du Canada ne comptera plus que pour 20 à 22% à la fin du siècle. La substitution d'institutions que constitue l'accession à la souveraineté-association permet, en même temps, de sauvegarder la règle démocratique au plan politique et au plan économique, de ramener l'effet de la domination à un niveau plus acceptable [1].

Reprenons maintenant cette vieille question de l'infériorité économique des francophones et demandons-nous quelle pourrait être la contribution de l'accession à la souveraineté du Québec à sa solution. Plusieurs analyses tendent à démontrer que, dans le contexte fédéral actuel, le Québec a été, plus souvent qu'à son tour, défavorisé. Les remarques qui précèdent sur l'effet possible d'une substitution d'institutions constituent la réponse la plus directe à cet aspect de la question. Reste l'autre volet du problème, celui qui concerne les attitudes des Québécois eux-mêmes.

Depuis Étienne Parent, Errol Bouchette, Victor Barbeau, jusqu'à la Commission Laurendeau-Dunton, nous savons quel rôle effacé les Québécois francophones ont joué et jouent encore dans la vie économique de leur propre milieu. On est à peu près d'accord maintenant pour dire que la culture québécoise elle-même ne pourra plus résister longtemps à cette anémie économique, les anciens systèmes de protection n'ayant plus cours en ce dernier quart du XXe siècle.

Pierre Harvey   **101**

Pour la survivance même de la culture québécoise, il devient urgent que les Québécois prennent eux-mêmes une part plus normale à la direction de leur propre économie. Comme l'indique clairement le *Livre blanc* sur le développement culturel, « la concentration dans telle communauté culturelle déterminée du plus grand nombre de citoyens favorisés ou défavorisés à tous égards n'est pas (...) l'effet du hasard ». Et « (...) il n'est plus possible ni permis de considérer séparément développement économique, développement social, aménagement du territoire. Une souveraineté culturelle qui ne s'appuie pas sur une forte assise économique est illusoire » [2].

Il est permis, bien sûr, de résoudre un tel problème par pétition de principe. Par exemple, Pierre Elliott Trudeau a pu écrire : « Si le Québec devenait cette province exemplaire, si les hommes y vivaient sous le signe de la liberté et du progrès, si la culture y occupait une place de choix, si les universités étaient rayonnantes et si l'administration publique était la plus progressive du pays (...) les Canadiens français n'auraient plus à se battre pour imposer le bilinguisme : la connaissance du français deviendrait un *status symbol,* cela deviendrait même un atout pour les affaires et pour l'administration. Ottawa même serait transformé, par la compétence de nos politiques et de nos fonctionnaires » [3]. En d'autres termes, si le problème était résolu... il n'y aurait plus de problème !

Au-delà de ces lapalissades, la véritable question qui se pose est celle-ci : pourquoi après tant d'années et malgré tant de « prédicateurs » toujours prêts à affirmer que s'il n'y avait pas de pécheurs il n'y aurait plus de péché, pourquoi cette persistance et même cette aggravation du problème québécois ? Plusieurs explications précises et, partant, plusieurs remèdes ont été successivement suggérés. Pendant longtemps, le taux de croissance démographique des francophones a été invoqué comme raison fondamentale du retard économique de la communauté. Qu'on se souvienne, à ce sujet, des accusations de « lapinisme » qui ont été lancées dans le temps, en particulier par ceux qui s'opposaient à la mise en place du système d'allocations familiales. Nous avons réalisé en quelques années une révolution démographique presque sans exemple ; pourtant, le déclin économique du Québec s'est accéléré et la place des francophones dans la vie économique du Québec est restée tout aussi étriquée [4]. Longtemps on a expliqué notre retard économique par le niveau trop bas de la scolarisation générale. Depuis près de vingt ans, nous avons transformé notre système d'éducation de fond en comble sans provoquer le miracle économique qui devait en résulter : nous avons alors fait la preuve que pour une collectivité, il n'est pas vrai, en toutes circonstances, que « qui s'instruit s'enrichit », quoi qu'ait prétendu le gouvernement Lesage.

On nous a reproché longtemps de concentrer notre éducation supérieure dans le seul domaine des « études classiques » et des professions libérales. On oubliait alors que l'École des Hautes Études Commerciales de Montréal existe depuis presque trois quarts de siècle, que l'École Polytechnique a elle aussi une longue histoire et que, jusqu'au plan conjoint fédéral-provincial lancé sous Diefenbaker, le Québec disposait d'un réseau d'écoles techniques qui se trouvait par certains côtés en avance sur ceux de toutes les autres provinces, Ontario comprise. Et, bien entendu, l'effet de ces institutions sur la place occupée par les francophones dans l'activité économique du Québec n'apparaît pas encore à l'heure actuelle comme déterminante. En somme, donc, le fait du déclin économique du Québec et celui de la quasi-absence des Québécois francophones des leviers de commande de leur économie n'ont pas été modifiés sensiblement par les transformations des circonstances qui ont été évoquées à tour de rôle comme explication de la situation. Et bien sûr, les prêches de certains de nos « penseurs » n'ont pas eu plus d'effet. Ce qui aurait dû, depuis longtemps, nous amener à chercher une explication plus générale et donc plus fondamentale.

Certains diront alors que le problème est « culturel ». Ils auront raison à condition de donner au mot son sens véritable. Quand on affirme, en effet, que la culture des Québécois a quelque chose à voir avec l'absence des francophones de la direction de leur économie, avec ce que l'on appelle leur manque d'esprit d'entreprise et comme conséquence avec le déclin de leur économie, considérée alors elle-même comme une entité régionale, on ne fait que repousser d'un cran le besoin d'explication. Car on est alors amené à se demander, en particulier, pourquoi cette culture comporte ainsi des attitudes et des valeurs qui, par certains côtés, peuvent être qualifiées d'anti-économiques [5]. Pour répondre à cette dernière interrogation, il faut alors percevoir la culture comme un système dynamique, c'est-à-dire en évolution constante et dont les éléments essentiels peuvent eux-mêmes être expliqués. Dans la mesure où on a affaire à un système en évolution, les explications évoquées, pour prendre tout leur sens, doivent alors nécessairement faire appel à l'histoire.

Pierre Harvey   **103**

C'est d'ailleurs sur ce dernier point que se fait le clivage entre « explications culturelles » valables et « explications culturelles » qui ne le sont pas. Souvent, en effet, on évoquera la « culture québécoise » pour rendre compte des problèmes soulevés, mais on considérera cette explication comme ultime [6], ce qui entraîne un certain nombre de conséquences de la plus grande importance.

D'abord, les phénomènes constatés prennent un caractère inéluctable. En tout cas, les espoirs de voir la situation se modifier à l'intérieur d'un horizon prévisible restent bien minces [7]. En second lieu, les situations relatives des communautés en cause se trouvent justifiées : il incombe au moins favorisé de modifier les données de sa propre culture pour résoudre son propre problème. Enfin, ceux qui ont été qualifiés ci-dessus de « prêcheurs » et dont le texte de P. Elliott Trudeau constitue l'exemple d'interprétation type, reçoivent carte blanche : ils se trouvent dans la situation avantageuse de « prêcher », sans espoir aucun que leur prêche ne modifie quoi que ce soit ; ce qui, d'une part, leur permet d'avoir indéfiniment raison et, d'autre part, les justifie de se laisser aller à manifester une certaine forme de mépris contre ces défavorisés ainsi rendus responsables de leur propre sort. C'est là, à la fois, la description et l'explication de l'attitude constatée chez bon nombre de conseillers occidentaux que l'on rencontre dans les pays en voie de développement.

Par contraste, si on considère la culture d'un groupe comme un système dynamique, les éléments de ce système constituent, par définition, des « réponses » à des situations vécues antérieurement par le groupe, « réponse » pouvant persister longtemps après que la situation qui l'a provoquée se soit elle-même modifiée de façon non négligeable. Ce qui permet alors d'aller au-delà de la simple évocation de la culture pour s'interroger sur l'origine d'un trait culturel en particulier et donc sur les modifications réelles à apporter aux conditions dans lesquelles vit la collectivité concernée pour provoquer les changements souhaités dans les valeurs ou les attitudes.

Nous avons, pour notre part, cru pouvoir suggérer que c'était bien l'explication culturelle qui permettait de rendre compte de façon satisfaisante du problème économique des Québécois. Nous avons aussi cru devoir soutenir qu'il s'agissait alors d'une certaine forme d'anti-économisme, résultant lui-même du fait de la Conquête et se manifestant surtout par le rejet de certains éléments du système économique tel qu'il est perçu par la collectivité francophone. Nous ne reprendrons pas ici ces développements, mais nous essaierons plutôt d'en tirer un certain nombre de conséquences qui nous paraissent importantes [8]. Nous retrouvons alors la question de l'accession du Québec à la souveraineté et les avantages économiques que tirera le Québec de la mise en place d'une formule de souveraineté-association comme substitut au fédéralisme actuel.

L'accession à la souveraineté vient d'abord modifier la situation créée par la Conquête. Dans la mesure où le traumatisme de la Conquête peut être considéré comme « cause » de l'inhibition de la créativité collective dans le domaine économique, une situation nouvelle qui serait perçue nécessairement comme venant annuler une part significative des conséquences les plus visibles de la Conquête a toutes les chances de contribuer de façon marquée à lever cette inhibition et donc à favoriser la renaissance de la créativité collective [9]. En somme, le sens profond de l'hypothèse de souveraineté-association, en termes économiques, c'est, pour la collectivité francophone du Québec, de constituer une *stratégie générale de développement économique*, permettant de raviver la créativité collective tout en sauvegardant la démocratie et en assurant la continuité des services qu'exige une économie moderne.

En second lieu, et ce point se relie étroitement au précédent, la souveraineté-association vient donner un sens dynamique à tout nouveau partage qu'on peut imaginer de l'existence d'une quelconque communauté canadienne. Le fédéralisme tel que pratiqué jusqu'ici au Canada a désavantagé le Québec. C'est ce que tendent à démontrer maints documents récents et que soulignent, d'une part, le rejet général du statu quo constitutionnel et, d'autre part, la floraison des formules de fédéralisme dit « renouvelé ». Le problème de la résurgence de la créativité collective dans le domaine économique constitue la pierre d'achoppement de toutes ces formules de fédéralisme renouvelé.

On peut, en effet, imaginer des formules de fédéralisme « renouvelé » qui feraient meilleure justice au Québec dans le partage des avantages économiques résultant de l'existence d'un Canada fédéral. Si le Québec ne développe pas en lui-même le dynamisme nécessaire pour que ces avantages mieux partagés se manifestent en un regain de sa propre créativité collective, l'amélioration du partage se traduira par une situation de dépendance de plus en plus marquée. Ce qui donnerait sa pleine signification à la fameuse expression de Jean

Pierre Harvey   105

Chrétien, « un énorme Nouveau-Brunswick ». Pour une province anglophone, une telle éventualité pose un problème régional important, mais ne met pas en cause la culture de la collectivité elle-même [10]. En effet, dans l'éventualité où la région devient de plus en plus dépendante économiquement, les *individus* ont le choix ou de vivre cette dépendance ou d'émigrer vers les régions plus prospères. Dans le premier cas, le choix n'a pas de connotation collective, et dans le second, la migration se fait à l'intérieur d'un même ensemble culturel.

Pour le Québec francophone, l'issue est radicalement différente. Si les individus choisissent la dépendance, ils font par contraste la démonstration du caractère non créateur de leur culture et condamnent leur collectivité à se désintégrer progressivement. C'est l'échéance de la « réserve ». Si les individus choisissent d'émigrer, on peut faire l'hypothèse que ce sont les gens dynamiques qui émigreront, provoquant en même temps une aggravation de la dépendance et une accentuation de l'état de minorité par assimilation à l'autre culture, de ceux qui émigreront [11].

Si donc on se pose la question des avantages économiques de la souveraineté-association pour les Québécois francophones, on est amené à conclure que la formule permet d'abord de réduire l'écart considérable qui sépare actuellement une collectivité « dominante » d'une collectivité « dominée » et de mettre ainsi un frein au caractère cumulatif de l'effet de domination. Elle permet de procéder à un meilleur partage des avantages d'un destin commun tout en créant les conditions pour que ce nouveau partage ne se traduise pas, pour le Québec, par une situation croissante de dépendance économique mais bien grâce à une renaissance de la créativité collective, par une correction durable de la trajectoire que suit depuis plusieurs décennies l'économie du Québec en déclin.

Notes

1. Notons qu'il n'est pas question dans ces matières d'espérer éliminer tous ces effets de différences de taille, d'avantages acquis, etc. Il s'agit de les ramener à un niveau qui soit tel que le « coût d'être différent » ne devienne pas prohibitif, ce qui entraîne l'assimilation du groupe dominé et donc l'uniformisation des cultures. C'est là le choix que les Canadiens font déjà à l'encontre des États-Unis.

2. *La politique québécoise du développement culturel*, Gouvernement du Québec, vol. 1, page 3.

3. *Le Fédéralisme et la société canadienne-française*, HMH, Montréal, 1967, p. 221, tel que cité dans *Le Canada des Libéraux*, Éd. Québec-Amérique, Montréal, 1978.

4. Sur la question du « déclin économique » du Québec, on consultera *L'économie du Québec*, P. Fréchette, R. Jouandet-Bernadat et J.-P. Vézina, HRW, Montréal, 1975, pp. 81 à 99.

5. L'expression fait ici référence au fait que le modèle de l'« homo oeconomicus » est beaucoup plus difficilement accepté par les francophones que par les anglophones, ce qui, dans un milieu dominé par l'entreprise privée, amène à rejeter celle-ci et avec elle, certaines des valeurs qui sont identifiées à l'entreprise comme par exemple l'efficacité. Il est bien entendu, par ailleurs, que ces attitudes de rejet ne sont pas exemptes d'une bonne marge d'ambivalence.

6. De manière implicite ou explicite, ceci revient à considérer la culture comme un système en équilibre statique, ce qui, bien sûr, constitue une mutilation inadmissible de la réalité.

7. On pourra consulter pour ce genre de discussion *Comparative Theories of Social Change*, Foundation for Research on Human Behavior, Ann Harbor, Michigan, 1966.

8. Voir en particulier, sur ces questions : « Pourquoi le Québec et les Canadiens français occupent une place inférieure sur le plan économique », *Le Devoir*, les 13 et 14 mars 1969 ; « La perception du capitalisme chez les Canadiens français », dans *Le Québec d'aujourd'hui*, sous la direction de J.-L. Migué, HMH, Montréal, 1971 ; « Planification économique et syndicalisme dans le Québec : les attitudes », *L'Actualité économique*, avril-juin 1970.

9. Notons qu'il s'agit là d'une argumentation très voisine de celle qu'utilise Hirschman pour un ordre de problèmes différents quoique voisins (cf. *The Strategy of Economic Development*).

10. La question spécifique du sort fait à l'Acadie n'est cependant pas abordée ici.

11. Notons que pour les anglophones du Québec, de tels mécanismes ne jouent pas à cause des soupapes nombreuses que fournit tout le reste de l'Amérique du Nord anglophone.

Pierre Harvey   107

SÉPARATION ET CULTURE: QUELQUES RETENTISSEMENTS ÉTHIQUES

André Beauchamp

André Beauchamp est prêtre du diocèse de Montréal. Il a travaillé depuis dix ans dans le domaine de l'éducation de la foi des adultes, en se consacrant plus spécialement au rapport de la foi avec les questions socio-politiques. Engagé activement dans les milieux nationalistes, il a été président de la Société Saint-Jean-Baptiste de Montréal et en est maintenant vice-président. Il est actuellement responsable du module Éducation en environnement, au Service de protection de l'environnement.

Il est bien rare qu'on ait à choisir un pays. « Les États-Unis sont nés d'une révolution. Beaucoup de pays européens aussi. En Afrique, il y a tout un monde entre les pays qui ont acquis leur indépendance en luttant et les autres, Au Canada, notre histoire est à l'inverse de cette expérience. Les loyalistes anglais ont refusé la révolution américaine. Notre chrétienté québécoise a rejeté la révolution française. Beaucoup d'allophones ont quitté leur pays à cause d'une révolution » (J. Grand'Maison, *Le Devoir*, 6 juillet 1978).

Le point de vue canadien

En un sens, la question que pose le séparatisme québécois est scandaleuse et, pour quelqu'un qui ne connaît pas bien l'histoire d'un point de vue de francophone, elle est inimaginable. Car indubitablement le Canada est un pays où l'on se porte bien : bon niveau de vie, croissance économique, histoire paisible, tensions sociales modérées. On peut comprendre la phrase de Pierre Elliott Trudeau au lendemain de l'élection du P.Q. : « Diviser le Canada c'est un péché contre l'humanité, un péché contre l'Esprit. » Par exemple, le Canada est un pays sans guerre, sauf deux épisodes avec les États-Unis en 1775 au moment de la création des États-Unis, et en 1812. Mais dans les deux cas, le Canada n'existait pas encore dans sa forme actuelle. Pour le reste, trois mille milles de frontière commune avec les États-Unis sans le moindre accrochage. Même chose au Nord avec l'U.R.S.S. Les deux occasions où le Canada a été impliqué furent les deux grandes guerres mondiales par le biais de son lien privilégié à l'Angleterre. Mais jamais le sol canadien n'a été vraiment menacé. Il s'ensuit presque que le Canada est un pays sans histoire, un pays fait à l'amiable sans qu'une grande passion ne l'ait porté, sans qu'une dramatique ne l'ait traversé.

Le Canada pourrait être un modèle de pays pacifique, ou mieux un exemple illustrant qu'un pays puisse n'être qu'un système d'administration et de cohérence sans devenir une patrie. L'analogie à la famille pourrait être éclairante. Il est des familles unies et passionnées de leur identité. Il en est d'autres qui se contentent d'être un dortoir, un lieu commode de référence. À première vue, le Canada serait de ce type.

Au plan du discours, mettre le Canada en question est donc un acte banal puisque le Canada ne serait qu'un pacte administratif révisible, à juger au mérite. Par ailleurs, si la réussite est si brillante, le mettre en question n'est-ce pas faire œuvre d'imprudence ?

Le point de vue francophone québécois

Voilà donc une façon de voir. Mais déplaçons la question. Prenons-la, par exemple, du point de vue des Indiens. On ne peut pas en parler comme d'un peuple unifié qui aurait bâti un pays et édifié une culture. Mais il y avait des groupes humains cohérents occupant des territoires et définissant des cultures autonomes, avec chacune leur langue ou dialecte, leur histoire, leur musique, leurs mythes, leurs façons de vivre et de donner sens à l'existence. D'un point de vue autochtone, l'histoire du Canada est l'histoire d'un colonialisme

Séparation et culture

violent puisque le territoire a été occupé de force par d'autres et les populations indiennes progressivement éliminées et réduites à des « réserves ». On peut bien argumenter et dire par exemple que le colonisateur francophone a établi de meilleures relations avec l'Indien (meilleurs contacts, exploitation économique modérée, échanges culturels, métissage) mais c'est une affirmation délicate et sujette à caution. L'homme blanc est un violent qui a spolié l'Indien de son sol et de son âme. Et les traités, les ententes, les droits reconnus aux Indiens ne sont pas nécessairement la promesse d'un avenir pacifique. Par rapport à cette réalité, le discours canadien de l'unité est un masque idéologique qui camoufle une praxis dont la justice est plus que douteuse.

D'un point de vue de francophone québécois, quel est donc le sentiment de l'appartenance canadienne ? Voyons d'abord la dynamique des mots. Les habitants d'ici fondèrent la Nouvelle-France. Puis, quand la conscience de l'habitant canadien se fut affirmée en opposition à la métropole parisienne, surgit le nom de Canada, distinct de la France et des colonies anglaises. Le Canadien, à l'origine, c'est le francophone. Pour le Canadien, le traumatisme historique c'est la conquête anglaise. Le Canadien avait conscience de l'empire de l'Amérique française, de la Louisiane aux Prairies, avec comme berceau Québec. Alors que le Canadien était venu pour s'implanter et construire un pays, il est conquis par des forces militaires qui sont, à ses yeux, des forces impérialistes et qui résident ici sans y habiter, le temps d'une administration, d'une occupation, d'un service militaire. On ne parle pas alors de Canadiens français et anglais, mais de Canadiens et d'Anglais, au sens d'Anglais d'Angleterre. Perception que confirme l'arrivée massive des loyalistes anglais indignés de la révolution américaine.

C'est à mesure que s'impose le concept du Canada (Haut et Bas-Canada, Acte d'Union, Confédération) que les anglophones s'attribuent le nom de «Canadians», nous obligeant à distinguer Canadiens français et Canadiens anglais. S'il y a eu une chance historique canadienne dans l'hypothèse des deux peuples fondateurs et des deux langues, elle a existé de 1867 jusqu'au début du siècle quand les francophones, dont l'appartenance était essentiellement québécoise, ont émigré en masse. Quand ils émigraient aux U.S.A., ils acceptaient de s'assimiler à plus ou moins brève échéance. C'étaient les règles du jeu. En émigrant ailleurs au Canada, en ouvrant l'Ouest, ils croyaient à la réalité canadienne francophone. La question des écoles françaises en Alberta et au Manitoba, la question des Métis, la constitution du visage juridique, politique et économique de l'Ontario et de l'Ouest ne laissaient aucun doute : il n'y a pas de Canada bilingue, bi-culturel, bi-national. Il y a un Canada anglophone et un malaise canadien-français.

La montée du nationalisme francophone québécois est à la fois la reprise du nationalisme canadien-français et sa rupture. Reprise, car il y a filiation évidente. Rupture, car l'analyse sociale et politique amène à conclure qu'il ne suffit plus de militer sur une base canadienne pour obtenir l'égalité et les conditions essentielles à l'épanouissement. Pour un indépendantiste, la base canadienne joue inévitablement (par le jeu politique, économique, culturel) dans le sens de la minorisation des francophones, de leur assimilation, de leur sujétion sociale et politique. Tant d'enquêtes l'ont montré. Seul le Québec peut servir d'horizon à la construction d'un avenir pour les francophones à partir d'un instrument collectif fort et de la récupération de l'ensemble des pouvoirs juridiques et politiques. Cela s'appelle un Québec indépendant qui oblige à redéfinir l'unité canadienne.

Le discours éthique

C'est sur ce fond d'interprétation historique et politique que veut jouer le discours éthique. Je ne suis pas de la thèse de ceux qui prétendent que la morale se perd, que les valeurs auxquelles les gens étaient attachés ont été balayées radicalement et que nous voici maintenant devant un immense vide éthique. On s'empresse alors de citer l'érosion des conduites privées, notamment dans le domaine privilégié des conduites sexuelles. Ou bien l'on déplore la chute de l'autorité, l'effritement de la responsabilité personnelle, la montée vertigineuse du vol, de la fraude, du mensonge, du parjure, l'individualisme moderne ou, le pire de tous, le glissement dans la société de consommation qui rend l'homme dissemblable à lui-même et le fait certainement mourir.

Chacun de nous connaît le ton de ce diagnostic pessimiste.

Mon impression à moi, c'est que l'aspiration morale actuelle n'est pas moindre que celle d'hier. Mais nous sommes en recherche de références. Nous assistons à un déplacement de valeurs et tout le système des normes, si lentement et péniblement élaboré, s'en trouve en porte-à-faux. Ce serait bien vite dit que de traiter de médiocres ou de pervers les gens d'aujourd'hui et de forts, courageux et honnêtes les gens d'hier. Mais les gens d'hier savaient par cœur les conduites qui déterminaient la bonne vie morale alors qu'un scepticisme radical nous a envahis. Sans doute, la médiocrité et la paresse latentes en chacun de nous prennent-elles prétexte du conflit des normes pour en profiter un brin. Mais un recours aussi simpliste ne suffit pas à tout expliquer. Car l'homme est un animal éthique. Il a besoin d'articuler sa responsabilité sur la liberté et sur des motivations qui réfèrent à des critères, des principes, des valeurs. Les premières études sociologiques dans les sociétés scandinaves avaient montré qu'en période d'anomie le taux de suicide avait tendance à grimper à vive allure, comme si les gens, faute de références et de codes, en arrivaient à se punir eux-mêmes pour leur conduite répréhensible ou inqualifiable.

Si l'être humain génère ainsi une anxiété aussi profonde quand il ne sait plus à quoi se référer ni comment orienter ses actions, on doit conclure que l'aspiration morale est, chez lui, absolument fondamentale. En réalité, nous avons moins besoin d'être sermonnés pour nos démissions et nos infractions à l'égard des codes d'hier désuets et désormais si vertement dénoncés, si peu cohérents avec nos expériences actuelles qu'on les sent vétustes et insignifiants, qu'encouragés à définir pour demain une morale ouverte et flexible qui convienne aux appels de la situation.

Discours politique, discours éthique ?

Selon moi, l'anxiété morale n'a pas diminué, loin de là. Et les nouveaux moralistes sont légion, pas moins moralisateurs que ceux d'autrefois. Seulement les ténors ont changé ainsi que la salle de concert. Ce ne sont plus les philosophes, les théologiens, les chefs religieux qui tiennent le discours moral. Ce sont plutôt des poètes, des politiciens, des groupes de pression, des publicistes. Et les media ne sont plus le traité d'éthique, ni les sermons, mais les harangues publiques, le cinéma, la radio, la télévision. Combien de séries télévisées sont, en fait, des catéchèses sur la manière de se conduire envers sa fille, la façon d'accueillir un homosexuel, d'assumer son

André Beauchamp   113

divorce, de sentir l'horreur du vol, de la violence, de la trahison ? Tout le monde nous fait la morale. Les chansons : « fais ta vie comme ça te dit, c'est tout ce qui compte au fond ». La publicité : « l'assurance-vie, c'est le geste le moins égoïste qui soit ». L'État : « va jouer dehors » ; « la vie, on s'attache à elle ».

En empruntant une terminologie marxiste, on pourrait affirmer que si la religion est l'opium du peuple, la publicité a bien pris sa relève. Quand nous regardons ce beau groupe de gars et de filles, jeunes et vivants, s'avancer vers nous dans la force de leur âge avec leur puissance de séduction et nous dire : « lève ton verre avec nous, de plus en plus c'est Laurentide » ou bien nous proclamer les gloires de la « 50 », c'est en réalité une véritable image du Royaume qui se dresse à nos yeux. Ce n'est pas la marche naïvement triomphante des armées de 1914 quand les filles jetaient des fleurs aux soldats qui allaient mourir au front. Il y avait là une dramatique tragique. Dans les réclames évoquées, la bière est la récompense d'un effort, en général lié au travail (« ça vaut la peine de farfouiller parce que ça fait des choses à raconter »), au sport, à l'épreuve physique. La femme-objet est ensuite donnée en récompense dans une projection de plénitude et d'apaisement qui est celle du Royaume. « Il n'y aura ni pleurs, ni grincements de dents ». Nous sommes en pleine eschatologie.

Dans le même ordre d'idée, un message publicitaire de MacDonald nous fait découvrir le secret de MacDonald. Le sceau : approuvé Canada (allusion à l'enquête de la Ceco sur la viande avariée « approuvé Québec »), puis la mention « bœuf pur à 100% ». « De mieux en mieux ». Et la réclame de conclure : « heureux les propriétaires de dents qui croqueront dans... » On croirait entendre la parole d'Évangile : « Heureuses les entrailles qui t'ont porté et le sein qui t'a allaité ». Sauf que dans l'Évangile, l'appel est à la conversion et la vie de la foi. Ici, il se dégrade en sollicitation commerciale.

Il serait d'ailleurs intéressant de poursuivre l'exploitation des thèmes politiques sous-jacents à la publicité. Quand l'image québécoise est bonne, on la récupère. « La banque d'ici pour les gens d'ici ». Household nous parle de confiance en l'homme à propos d'un prêt consenti à un pêcheur de homards de Grosse-Île. On chuchotte en coulisse qu'il y aurait un pacte des compagnies canadiennes pour projeter à profusion des images de la réalité canadienne. C'est assez évident dans les réclames du CN-CP ou dans celles des compagnies de pétrole.

Curieux paradoxe. La publicité se justifie par l'information qu'elle apporte au client et par le dynamisme qu'elle communique à l'économie. Or, en vérité, la publicité c'est plus simplement l'argent au service du mensonge. La part efficace de la publicité, c'est sa charge émotive, le plus souvent inconsciente chez l'éventuel client. C'est un modèle de manipulation. Quand on réussit à vous dire que le Coke est « le vrai de vrai » et que les gens, ayant maintenant ici le goût du vrai et de l'authentique, ne peuvent se retrouver que dans le Coca-Cola, c'est assez pénible.

Or cette même publicité a tendance à devenir le premier véhicule de nos valeurs. « Quand j'étais petit dans mon jardin, je me balançais sur un Michelin qui avait roulé des milliers de milles — pour un Michelin c'est bien facile. Puis quand j'ai eu mon auto-sport, toutes les fins de semaines je montais dans le Nord et changeais de blonde à chaque année — les Michelins eux ont tant duré — Michelin, Michelin, je te confie ma voiture, moi je sais que les autos passent, les Michelins durent — Maintenant que je suis un peu plus usé, marié deux fois puis séparé, je me dis qu'y a pas grand-chose qui dure, à part les pneus Michelin, bien sûr — Michelin... »

Voici un glissement type, et de caractère aliénant, de la notion de fidélité, valeur si difficile de nos jours, à celle de durabilité. Triste société où la fidélité est représentée par les choses et l'infidélité par les personnes. Admettons toutefois que le romantisme faisait cela, en appelant de l'immutabilité du monde à la vanité des sentiments ; mais il avait la décence de ne pas ravaler sa symbolique au niveau de la production mercantile des biens de consommation.

Bonne ou mauvaise, et plutôt les deux à la fois, la publicité semble être devenue le véhicule de notre discours. À l'origine, la publicité s'est modelée sur le discours savant et l'information. Maintenant, le discours savant et l'information ont tendance à se modeler sur la publicité. La publicité est une sur-réalité. Comme la pornographie est la substitution de l'image projetée à l'objet sexuel lui-même et à la relation personnelle, de même la publicité devient le substitut symbolique de la réalité, reléguant la réalité elle-même à l'insignifiance.

Situation très ambiguë.

André Beauchamp

Dans la guerre du référendum, le discours politique devient essentiellement un discours moral. Il en appelle à la rationalité, au bon jugement, à l'évidence. Il se rattache par mille liens aux principes les plus chers de l'humanisme, à la dignité, à la bonté, au souci de vérité et d'authenticité de chacun. Aristote, je crois, disait que la politique est la plus haute activité de l'homme. C'est toujours vrai.

Sauf que le médium mange le message. Pour se dire, le message politique devient publicitaire. Sur un plan éthique, c'est assez éprouvant. « J'ai un beau pays », chante la réclame pour visiter le Canada. Le gouvernement du Québec n'est pas en reste. « Tout le monde s'attache au Québec », dans le jeu de mots de la ceinture de sécurité et de l'amour pour le Québec. « Le Québec est au monde », proclamait le slogan de la fête nationale. Encore un jeu de mots pour signifier la démocratisation de la fête et l'accession du Québec au statut d'individualité politique.

Le 24 juin, le 1er juillet, le 3 juillet, nous avons assisté à la surenchère des fêtes, des spectacles, des artistes « engagés » et des éclosions de joie populaire spontanée très savamment organisées et structurées. Et dire que les membres de la Commission Pépin cherchent une voie sereine et loyale !

On explique cela en affirmant que nous sommes en phase référendaire. Mais le résultat est assez affligeant. Car, ou nous sommes une bande d'imbéciles, ou bien la lutte des clans est si avancée qu'il n'y a plus moyen de faire entendre raison. Dans ce brouhaha, il se peut fort que le discours éthique tenu par et dans le discours politique de l'heure ne soit en réalité qu'un écran de fumée, un alibi. Il s'agirait moins de chercher le vrai que de trouver tous les arguments, y compris celui de la conscience, pour convaincre la marge des indécis.

Si cette hypothèse était correcte, elle dévoilerait le plus formidable assaut fait à la conscience des gens en exploitant leur complexe de culpabilité. Car quoi qu'en dise Marcel Rioux, le Québécois n'a pas laissé sa religion comme on oublie ses mitaines au printemps. Il est tissé de religion et d'impératifs moraux. Mais comme la pratique quotidienne mesurable, vérifiable, s'est dissipée, il ne reste qu'une aspiration confuse et refoulée dans l'inconscient où la propagande politique risque de le renvoyer sans le libérer. Les théologiens disent que le propre de l'espérance, c'est d'inspirer une réforme du réel dans le quotidien. C'est cette quotidienneté qui semble faire défaut maintenant, au profit d'un bond prodigieux dans un futur incertain sans que l'anxiété trouve dans l'aujourd'hui les voies de sa guérison.

Discours politiques et arguments moraux

Acceptons de traiter le discours politique dans son contenu même, dans la valeur de ses arguments sans l'interpréter à un niveau second. Supposons que les prophètes politiques cherchent la vérité de la conscience et non sa manipulation et que leur morale ne soit pas une justification a posteriori de leur choix mais qu'elle précède le mouvement de la conscience pour l'éclairer. Voyons les arguments moraux mis de l'avant dans chacun des deux camps.

Arguments fédéralistes

Pour un fédéraliste, la séparation du Québec est un acte d'immaturité qui ressemble à une rupture infantile ou adolescente. Si la Confédération canadienne a vécu pendant plus de 100 ans dans l'harmonie des peuples fondateurs, si les francophones ont ainsi survécu et sauvegardé leur langue, certaines de leurs institutions, des droits fondamentaux, c'est qu'ils ont établi une relation dialectique d'opposition et de collaboration, de dialogue et de revendication qui se situe nettement au niveau adulte. Se séparer devient alors un acte de régression psychologique, une fuite du réel, un manque de courage.

Dans la même foulée, il y a l'argument de la charité. On extensionne le concept de la charité fraternelle (amour d'autrui, dialogue, collaboration, pardon des offenses) pour l'appliquer aux communautés ethniques. Certes la communauté francophone a-t-elle beaucoup souffert, et davantage que l'anglophone, du pacte canadien. Mais elle doit apprendre le pardon des offenses et relancer le dialogue plus loin, avec les éléments les plus avancés de la majorité anglophone, avec tous ceux qui sont de bonne volonté.

Cet argument de la charité se déploie en deux volets. D'un côté, si le Québec se sépare, il menace tout le pays car il brise le Canada. Il impose donc sa solution au reste du pays. Il casse le pays en deux, et le Canada anglophone, surtout dans l'ouest, est pris tout entier avec la question de sa propre identité face à sa culture cana-dienne-anglaise tellement influencée par son immense voisin améri-cain. Au cours d'un récent voyage en Alberta, j'ai senti ce malaise qui s'exprimait par ces deux réactions : si vous partez, qu'allons-nous devenir ? si vous partez, nous enverrons l'armée vous mettre au pas.

L'autre type d'argumentation se construit autour de l'idée sui-vante : qu'adviendra-t-il alors des communautés francophones hors Québec ? N'est-ce pas les rejeter à leurs seules forces et les vouer à l'assimilation ? Le Québec peut-il alors se séparer et perdre mémoire des générations de ses descendants qui, en Ontario et au Manitoba, ont transplanté l'arbre français ? Peut-il oublier la branche parallèle d'Acadiens, dont le combat au Nouveau-Brunswick, entre autres, a été beaucoup plus difficile encore que la lutte québécoise ?

Dans cette foulée de la charité, on emploie aussi l'argument uni-versaliste. Le monde est aux grands ensembles, aux ententes interna-tionales, au dépassement des ethnies et des petites clôtures que l'his-toire a dressées malencontreusement et que la raison doit surmonter. Si l'on veut que l'homme soit un et que l'amour règne, il faut donc penser des entités politiques vastes et complexes dans lesquelles l'individualisme des personnes et des communautés soit enfin dépassé. À l'heure de l'Europe des neuf, du Marché commun, des ententes internationales, de la planétarisation du monde, des vols interplané-taires, il faut parler de l'humanité et non des nations. En ce sens, le Canada est une forme historique préfigurative, pour user du mot de Margaret Mead, tournée vers l'avenir, prospective, alors que le séparatisme serait comme le reliquat historique de la mentalité héritée du 19e siècle et du principe des nationalités qui a inspiré tant de guerres futiles et tant d'oppressions pour des « justes causes ».

Enfin, le dernier argument réfère à la vertu de prudence. Bien ou mal, le Canada a marché pendant 110 ans. Or, l'abandonner au profit d'un hypothétique avenir, n'est-ce pas s'exposer à des désil-lusions ? Si cela ne marchait pas ? Un tien vaut mieux que deux tu l'auras. Ici, quand le discours se détériore en propagande, il glisse vite sur les affres des pensions de vieillesse suspendues et la menace de la crise économique.

Une subtilité de cet argument conservateur consiste à lier le statu quo politique au statu quo des valeurs et de l'idéologie. L'argument devient le danger de l'avenir par rapport aux valeurs du passé. Devant les menaces d'un avenir incertain et si menaçant pour les valeurs établies, la séparation du Québec apparaît comme un saut résolu dans un autre monde et comme la perte de l'héritage des valeurs reçues. Dans une rencontre à Rimouski, j'ai pu me rendre compte qu'un groupe de personnes d'un certain âge voyait la question fédéralisme-séparatisme comme un conflit de génération. Les jeunes sont trop libres sexuellement, sont paresseux, irresponsables, indifférents à leurs devoirs religieux. Cela, c'est la faute du séparatisme et des chefs syndicaux avec lesquels le P.Q. fraie de trop près. C'est toute la même clique de révolutionnaires. En réaction, c'est donc le conservatisme qui va sauver nos valeurs et le fédéralisme qui sera le garant de notre héritage. D'une façon plus subtile, on pourrait presque dire : l'armée canadienne va nous aider à mettre nos enfants au pas. Nous avons peur de ce que nos enfants sont devenus. Le voisin va nous donner un coup de main.

Arguments séparatistes

La panoplie des arguments séparatistes se développe exactement en sens inverse.

Prenant appui sur l'accession à l'indépendance de soixante-dix nations depuis 1945, elle présente la montée du Québec comme une marche en continuité historique avec son passé. Au fond, la vraie lutte qu'ont menée les anciens, ceux de 1791, ceux de 1837, ceux du Bloc populaire ou de l'Union nationale, fut d'assurer au Québec les conditions de sa survie. Tant que le Québec restait de caractère rural, traditionnel, à un stage pré-industriel, sa survivance pouvait s'assurer par un combat local à ras de sol dans chaque communauté. Mais, nous sommes passés d'un nationalisme de survivance à un nationalisme de rattrapage sous Lesage et maintenant à un nationalisme de lutte et d'affirmation.

Donc, loin d'être une régression de l'âge adulte vers une affirmation de soi de type adolescent, la séparation est une maturation et le passage de l'enfance à l'âge adulte. Les comparaisons affluent, de type familial. L'accession du Québec à la souveraineté, c'est comme un fils qui doit se poser en égal à son père pour pouvoir discuter avec lui en vérité. Tant que le Québec se considère comme un nain face à un géant, comme une province face à neuf autres dans une structure fédérale dont la logique est anglo-saxonne, il est en état d'infériorité et il ne peut se situer dans une véritable relation

André Beauchamp

d'autonomie. Pour reprendre le slogan célèbre de Daniel Johnson : égalité ou indépendance. L'indépendance, au moins à titre logique, est la condition de l'égalité ; la relation du père et du fils ne se dénoue que dans la révolte du fils qui se pose comme étranger à son père pour pouvoir ensuite établir avec lui une relation d'adulte profitable aux deux. Dans l'unité canadienne, la minorité francophone n'a jamais été traitée comme une égale. Seule sa subversion (symbolique) peut permettre de construire un vrai pays.

L'indépendance n'est donc pas un caprice. C'est un acte de maturité psychologique. En posant ainsi la question de son identité, le Québec ne brise donc pas la charité, il ne déchire pas la robe sans couture de l'unité canadienne. Il donne au Canada la chance de se définir. Certes, il renvoie au reste du pays l'anxiété de sa propre définition. La question n'est plus « What does Québec want ? » mais « What is Canada and why Canada ? » Le départ des fils repose aux parents la question de leur avenir et de leur identité de couple. La brisure du Canada pourrait amorcer une nouvelle définition de l'union canadienne, avec une redéfinition des provinces dans une union ouest-est (l'Île-du-Prince-Édouard peut-elle être encore une province ?) ou de nouveaux alignements nord-sud, la Colombie britannique se rattachant plus naturellement aux U.S.A. par exemple.

La « charité politique » oblige-t-elle à tenir compte du malaise d'identité du Canada sans portion québécoise ? La thèse indépendantiste soutient que non.

Que dire maintenant des obligations du Québec à l'égard des francophones hors Québec ? Les rameaux de la famille francophone ne peuvent pas être plus mal protégés qu'ils ne le sont déjà, au tiers ou à demi assimilés et forcés de travailler dans une autre langue que la leur, confinés à un rôle de réserve culturelle où le français n'est plus l'élément structurant de la culture et de l'identité. La sécession du Québec en fera-t-elle les victimes du ressentiment canadien ? À première vue, on le croirait. Et ce serait donc charité de rester à leur côté dans le combat canadien. Pourtant les tenants séparatistes prétendent que non. Un nouveau radicalisme chez les francophones hors Québec laisse au contraire entrevoir que l'hypothèse séparatiste du Québec renforcit les positions des francophones hors Québec. Pour les séparatistes, charité bien ordonnée commence par soi-même, d'autant plus que la montée du nationalisme québé-

cois raffermit plus qu'elle ne décourage la lutte des autres francophones.

Quant à l'argument de la prudence, les tenants de l'indépendance
inversent l'argumentation. Les études, surtout l'enquête Laurendeau-
Dunton, montrent que partout au Canada et au Québec les francophones se classent les derniers, si l'on fait exception des Indiens,
et que Montréal est la seule grande ville où un unilingue anglophone
se tire mieux d'affaires qu'un bilingue. Ce qui est imprudent c'est
donc l'unité canadienne puisque, à long terme, elle joue contre les
intérêts francophones. La prudence étant la vertu du jugement
concret dans une situation donnée, seule l'audace d'une option politique claire peut nous sauver d'une sujétion encore plus grande.

Enfin, la grande thèse morale de l'indépendance, ce serait sa
référence prophétique à l'idéologie de la libération. On sait qu'en
Amérique du Sud notamment, une idéologie nouvelle est née, issue
d'une praxis, celle de la libération. Il s'agit de considérer l'état de
fait non pas comme une fatalité, mais comme le résultat de facteurs
historiques ayant leur poids et leur signification. La pauvreté en
Amérique du Sud n'est qu'une triste réalité. Il s'agit là d'une pauvreté
créée par d'autres, entretenue et développée au profit d'économies
étrangères ou de minorités possédantes. Le sous-développement est
en réalité un sous-développement entretenu. Dans cette situation,
il n'y a qu'une praxis, c'est celle de la libération. C'est d'abord une
praxis collective, c'est-à-dire celle qui récuse l'arrivisme individuel
(je m'en tirerai tout seul, je fais mes salaires, je réussis ma vie,
même si la condition globale de mon peuple n'a pas changé) et qui
met de l'avant des images collectives.

Dans cette hypothèse, il ne s'agit pas de savoir si monsieur ou
madame untel ont fait fortune, ont réussi et sont considérés par les
autres, mais si la collectivité comme telle a progressé. Ensuite la
praxis de la libération repose sur la nécessité de la lutte et de l'affrontement avec l'adversaire. Dans une image de type libéral, les chances
sont égales pour tous et l'échec est attribuable aux défaillances de
l'individu. Dans une praxis de libération, la force occulte est celle
du dehors et seule l'identification de l'adversaire et la lutte ouverte
ont chance de dénouer la situation. Dans la théologie de la libération,
les références bibliques sont légion, rappelant que le salut s'appelle
aujourd'hui libération et que seule une lutte dans l'histoire peut
rendre actuel l'Exode. Chaque peuple dominé est pour aujourd'hui

André Beauchamp   121 le peuple hébreu, esclave en Égypte. Et si Dieu a fait une alliance avec ce peuple pour lui donner la dignité, la liberté, une terre et une prospérité, chaque peuple qui se libère reprend à son compte l'aventure biblique. La croyance au salut oblige au courage historique, au service de la libération, laquelle est comme une préfiguration de ce salut. Si le christianisme a prêché la soumission, c'est parce qu'il avait perdu une partie de sa force de protestation. Dans la mesure où la situation actuelle est le résultat d'une forme d'injustice, le christianisme, comme source de générosité et d'idéal moral, oblige à la lutte pour la libération. Pour les Québécois, la libération nationale est le premier objectif à poursuivre dans un vaste projet de ce genre.

Le fond de la question

Comme on le voit, les arguments se renvoient presque l'un à l'autre, mais leurs grandes références symboliques sont assez variables. La thèse fédéraliste se réfère de manière privilégiée à une symbolique humaniste, gravitant autour des thèmes de la paix et de l'entente. La thèse séparatiste se réfère de façon privilégiée à des symboliques collectives plus axées sur le changement et la liberté.

De ce point de vue, il me semble que nous vivons des moments privilégiés puisque nous voici affrontés à de grandes questions morales dans une culture qui serait plutôt marquée par l'ennui.

En poursuivant plus avant notre réflexion, nous en arrivons à penser que l'hypothèse de l'indépendance québécoise relance l'interrogation éthique par la radicalité des questions qu'elle pose.

D'abord elle pose la question du projet de société. Malgré les discours mythiques (à la Freud, à la Rousseau) sur l'origine de la société comme pacte originel, pour l'être humain qui naît la société est un déjà-là qui le précède et le pré-détermine. Notre milieu social n'est pas extérieur à nous. Il est une partie de nous-mêmes. Il nous influence, nous façonne, nous offre des clés culturelles d'interprétation de l'existence, nous situe dans des rapports économiques et des relations sociales, nous offre une langue, un art de vivre, une géographie. La société est le champ dans lequel l'individualité se construit. Bien sûr, le rapport de la personne à sa communauté d'appartenance est dialectique. Il est fait d'héritage et de rupture, d'acquiescement et de dissidence. L'individu peut être fier de sa communauté, en avoir honte, la défendre, la refuser. Normalement, il en va d'elle comme de sa propre existence, à savoir qu'on ne peut la changer sans l'avoir au préalable bien identifiée et ratifiée.

Un projet révolutionnaire qui ne serait que refus n'aurait au fond aucune chance de succès.

Sur ce préambule, quels seraient les éléments fondamentaux de la question ?

D'abord, il me semble que le projet d'indépendance nationale se double d'un projet social. La force et la profondeur du P.Q., son ambiguïté également, reposent dans la jonction de ces deux dimensions. Il ne peut y avoir de projet national québécois qui n'implique en même temps une nouvelle négociation des rapports sociaux à l'intérieur du Québec. C'est la différence fondamentale entre le nationalisme québécois actuel et le nationalisme traditionnel qui défendait les Canadiens français au nom des idéaux du conservatisme. Le programme du P.Q. se veut une affirmation d'indépendance dans un projet de type social-démocratique. À l'opposé, la nouvelle gauche québécoise issue de la révolution tranquille ne manifeste qu'un intérêt mitigé au projet d'indépendance et insiste davantage sur la refonte radicale du projet social. On sait que la première théorie marxiste est fondamentalement internationaliste puisqu'elle fait appel à tous les travailleurs pour une modification radicale des rapports de production sans tenir compte des autres réalités historiques quelles qu'elles soient. Il y a eu, par exemple, des discussions très vives entre Proudhon et Karl Marx sur les stratégies à développer pour l'établissement du socialisme, Marx se faisant le défenseur de l'Internationale (dans un contexte plutôt allemand et anglais !) tandis que Proudhon demeurait plus préoccupé de projets de libération des travailleurs axés sur la réalité nationale. Ainsi, l'évolution de la Commune de Paris (1871) sera très différente selon qu'on la verra d'un point de vue français ou d'un point de vue internationaliste.

Le nationalisme québécois actuel, dans sa phrase politique militante, lie et dissocie à la fois les deux questions. Quand il les dissocie, il annonce soit un projet socialiste qui fait peur au monde, soit un projet nationaliste qui apparaît chez les gens de gauche comme la promesse d'un nouveau fascisme ou, plus simplement, la substitution d'une bourgeoisie francophone à une bourgeoisie anglophone ni

André Beauchamp

123

meilleure ni pire que la précédente, et à tout prendre, plutôt pire que la précédente parce que plus naïve.

Toutefois, dans la mesure où le nationalisme est porteur d'une énergie, le contenu de sa dynamique ne peut pas se réduire à la seule promesse d'un pays pour les gens d'ici. Il véhicule celle d'un nouveau type de pays dans une nouvelle façon de vivre. Les prophètes de l'Ancien Testament ne faisaient pas autrement qui annonçaient une terre pour les gens en exil et un nouveau type d'exercice de la politique qui bannirait l'injustice, défendrait en priorité le pauvre, la veuve et l'orphelin, ferait cesser les pratiques frauduleuses des commerçants et réorienterait les objectifs militaires trop confiants dans la puissance des chevaux, en faveur d'un nouvel âge spirituel dans la paix.

Au Québec, l'énergie libérée par l'aspiration indépendantiste doit en partie servir de tremplin à changer les rapports sociaux. Rapports économiques d'abord, en améliorant les services publics, en rétrécissant les différences d'échelle de revenus (en France, ils sont encore de un à onze alors qu'en Hollande, ils seraient de un à quatre), en abolissant le chômage, en assurant la reconnaissance des droits de l'homme dans une définition renouvelée, en accordant des recours aux individus lésés, etc. On pourrait ajouter à ce nouveau projet social une dimension écologique pour que la nouvelle manière de vivre au Québec aille dans le sens d'une harmonie retrouvée avec la nature, une meilleure utilisation des ressources, une insistance sur la qualité de vie plutôt qu'une course effrénée pour une consommation maximale. La promesse d'un Québec nouveau ne peut à la fois apporter la liberté, la justice et une motoneige à chaque individu !

Il me semble, au plan théorique, que les deux dimensions nationale ou sociale sont bien liées. Les agents du conservatisme ont, en un sens, raison de lier le fédéralisme à la sauvegarde du statu quo. C'est exactement l'argument qui a prévalu en 1867 pour la création du Canada (contre l'opinion du Parti libéral du temps !). Toute libération a des tendances libertaires. Le retentissement éthique de la question nationale c'est donc la possibilité qu'elle fait surgir d'une nouvelle négociation du contexte social. En vérité le contexte social est toujours instable et discuté. Mais une dynamique de changement politique important fait surgir une brèche propice à des ajustements vraiment nouveaux des rapports de classe dans une société donnée.

La deuxième question que nous apporte la thèse nationaliste est celle de l'identité personnelle et collective. C'est un thème cher aux chansonniers que celui de l'absence de patrie. Le Québécois ne sait plus qui il est dans la multitude de ses appartenances. L'élite intellectuelle traditionnelle pouvait ou s'identifier au groupe culturel anglais (Wilfrid Laurier, Louis Saint-Laurent, Pierre Trudeau sont des exemples achevés de ce bilinguisme de promotion) ou même, plus subtilement, à la France (les gens qui parlent et vivent à la française) ; plus rares sont ceux qui savent d'où ils sont et où ils vont. Surtout dans le milieu montréalais, l'identité francophone semble une identité menacée. L'hégémonie économique du milieu anglophone, le malaise scolaire, la question des immigrants ont déterminé une crise radicale de l'identité. Le francophone montréalais se demande : « Que sera la survivance française quand Montréal sera devenu majoritairement anglais et qu'il ne restera plus que des îlots français, des enclaves françaises à Montréal et en province ? » Quand même le Saguenay ou la ville de Québec seraient francophones à 95%, ils ne feront pas le poids si Montréal avec sa puissance culturelle a basculé dans le bassin anglophone.

Ceci nous ramène à une question radicale, la plus profonde de toutes. C'est quoi être humain ? Pendant plusieurs années, j'ai pensé vraiment que l'assimilation était notre seule voie raisonnable. Être Chinois, Japonais, Espagnol ou Algérien, cela a-t-il vraiment une importance ? À ce niveau d'abstraction, non. Ce n'est pas être plus homme qu'être blanc. Mais nul n'est homme sans être d'abord de tel ou tel pays, de telle ou telle culture. Il n'y a pas d'être humain abstrait. On est noir, ou blanc, ou jaune, ou mulâtre. On ne peut flotter hors l'humanité dans une essence abstraite. Un être humain n'est pas un destin théorique dans l'univers des principes. C'est une réalité terriblement incarnée, avec les limites que cette situation impose mais aussi dans la richesse que donne cette expérience. Sous cet aspect, chaque langue, chaque culture, chaque société dit et réalise l'humanité, l'accomplit en un lieu donné. Elle la limite aussi, mais cette limite même fait partie intégrante de la réalité et constitue une dimension de l'expérience. Quand certaines cultures ne voient ailleurs que des limites et chez elles une pure humanité sans restriction, nous sommes alors en plein impérialisme !

Les Québécois sont donc tenus de dire qui ils sont et qui ils veulent être. Être français c'est une manière de vivre, de penser, de sentir, d'accomplir le destin spirituel de l'existence humaine. Être anglais aussi. Nous pouvons décider de cesser d'être français pour devenir anglophones ou américains. Au niveau individuel, des pans entiers de la race canadienne-française l'ont fait. En général, ça coûte deux ou trois générations. Défi redoutable et aventureux, dont témoigne, par exemple, l'œuvre de Jack Kerouac. La nation francophone du Canada, ou du Québec, peut faire ce choix et décider, ou de s'affirmer politiquement dans un Québec indépendant, ou de poursuivre le statu quo (plus ou moins modifié) dans le Canada actuel, ou même de s'assimiler. Il y aurait de très bons arguments dans chacun de ces choix. Je pense, pour ma part, que l'originalité culturelle constitue une des richesses humaines et que l'expérience québécoise est l'exploration d'une des facettes possibles du destin de l'humanité. Ce n'est pas un drame de décider nous-mêmes qu'il en soit autrement. Mais j'ai tendance à penser qu'il est de notre responsabilité et de notre devoir de poursuivre notre expérience de francophone en terre d'Amérique et d'aller au bout de cette logique.

Dans quelle mesure un peuple est-il tenu de défendre son identité, de la poursuivre, de lutter pour elle ? À moins de se réfugier derrière un providentialisme naïf, on ne peut en appeler à une volonté divine : « le ciel a marqué sa carrière en ce monde nouveau » (*O Canada*, deuxième couplet. À signaler que la version anglaise n'est pas une traduction !). Mais cette contingence historique qui nous fait blanc ou noir, homme ou femme, vivant dans ce siècle plutôt que dans un autre, quel est son sens ? Une simple fatalité, un devoir, un hasard ? Pour une part, elle doit pour chacun être une chance, c'est-à-dire la chance primordiale d'un accomplissement au sein de cette réalité. Tout changement qui ne serait que fuite ou négation de l'origine me paraîtrait une évasion et donc une démission. Je ne récuse pas a priori le changement. Mais je pense que le changement ne peut être accompli que dans une volonté d'assumer. La question fataliste du « pourquoi je suis ainsi ? » (fils de tel père, avec telle hérédité, etc.) ne peut recevoir de réponse que dans la décision : « je décide qu'étant ce que je suis, j'agirai maintenant de telle façon ».

De manière générale, l'appartenance historique collective va de soi. Elle est soutenue par une ou des idéologies et se construit sur plusieurs appartenances de niveau inférieur. On le voit bien encore aujourd'hui en France alors que ce pays demeure pour les Français une patrie qui n'a pas anéanti les régionalismes ni même les résistances à l'égard des forces dominantes qui ont construit la France actuelle contre des réalités régionales très fortes (même chose en Italie, en Allemagne ou aux États-Unis). Mais dans un pays qui marche bien, l'identité collective ne fait pas vraiment question. Elle repose sur une culture, une géographie, une langue, un état, souvent une religion. Elle est entretenue par des expériences historiques, des guerres, des conflits sociaux et politiques, des fêtes. Elle est enfin supportée par un système idéologique.

Il serait intéressant, si nous en avions le temps, d'analyser les supports idéologiques mis de l'avant dans le système canadien et le système québécois pour construire l'une ou l'autre appartenance. Mais le seul fait du conflit et de la possibilité même d'une question référendaire font bien voir que l'identité n'est pas acquise actuellement et que la décision, dans un sens ou dans l'autre, va en réalité contenir un projet d'identité. En rigueur de termes, il n'y a pas sur ce point de principe d'éthique. Il y a un droit fondamental à l'auto-détermination, droit acquis au plan international, droit humain que, par exemple, et l'Église catholique et le Conseil des Églises canadiennes ont reconnu. Si le Québec le veut, il peut faire, en droit, son autonomie et l'on ne peut réduire sa mutation à une sécession. Mais s'il le fait, ou ne le fait pas, dans quelle mesure prend-il une décision sur son identité future ? Et quel est alors le poids de cette décision sur sa continuité, sur sa fidélité aux ancêtres, sur sa propre conscience historique ? Ce n'est pas être plus humain qu'être québécois ou canadien. Mais accomplir son humanité en un sens ou en un autre, c'est tout de même une décision importante dont on ne peut dire le retentissement a priori.

Sans bien connaître l'histoire des peuples, si je me rappelle mes lettres grecques et romaines, le discours idéologique sur la survivance historique fait partie du discours essentiel sur la dignité humaine. Ni dans l'Illiade, ni dans l'Odyssée, ni chez Tite-Live, ni chez Cicéron, ni même chez saint Augustin, on ne laisse soupçonner que la contingence historique de l'appartenance à un peuple pourrait n'être qu'une question pragmatique. Elle est toujours enveloppée d'une aura magique. Elle est traversée par une symbolique tragique. On meurt pour sa patrie. En perdant son histoire et son identité, on perd comme une partie de son essence. L'apatride est un sous-homme. Sauvegarder son identité c'est comme un « devoir », une nécessité parfois absurde pourtant toujours hautement digne. C'est comme s'il y avait une noblesse à garder intacte l'origine, à ne pas laisser se perdre la particularité qui constitue une nation. En écologie, la disparition d'une espèce revêt le caractère d'un drame. Dans l'histoire humaine aussi. Chez nous, dans les milieux nationalistes chauvins, l'évidence de milieu, c'est que l'existence francophone est noble et digne ; l'existence anglophone apparaît comme une sous-culture, un anti-humanisme. C'est là une prétention assez affligeante, digne des histoires de « newfies », assez proche du racisme sectaire... Mais elle révèle en creux la perception d'un apport irremplaçable de la culture spécifique d'un groupe dans la définition de l'être humain. Grâce à chaque culture, nous savons un peu mieux ce qu'est l'humanité. Par elle, le mystère humain se dévoile et révèle ses significations ultimes.

Dans l'idéologie de la fin du 19e siècle et du début du 20e, le rôle providentiel des Canadiens français c'est de sauvegarder la tradition et de fournir au monde des missionnaires. L'échec historique est alors surmonté par un rôle internationaliste, les Canadiens français jouant un rôle messianique et divin dans l'humanité. Dans la crise de la sécularisation, c'est par des raisons humaines que doit se justifier l'identité. En quoi et comment pouvons-nous et devons-nous nous affirmer historiquement ? Notre expérience a-t-elle suffisamment de corps, est-elle suffisamment signifiante pour justifier un nouveau projet historique. L'identité livrée par l'histoire a-t-elle un sens existentiel actuel suffisant pour servir de tremplin à un nouveau projet qui engage maintenant l'avenir ? Chose étonnante, et ce n'est pas le moindre de ses paradoxes, la crise québécoise et le projet indépendantiste surgissent au moment de la baisse foudroyante de la natalité et de la crise de la sécularisation. D'un côté, les Québécois ne veulent plus se reproduire mais semblent désirer s'identifier collectivement : la baisse de natalité peut avoir alors le sens d'une volonté suicidaire comme celui d'une déception à l'égard des impasses historiques de l'actuel statut — indépendamment de toutes les raisons raisonnables par ailleurs. De l'autre côté, la chute d'un certain univers religieux renvoie le destin historique à ses propres raisons de vivre.

Bref, les Québécois ne peuvent trouver dans des principes éternels ni dans une révélation la réponse à leur question, mais on ne peut nier que la question qu'ils se posent soit hautement morale ni qu'elle ait pour l'avenir des retentissements éthiques importants.

Des développements ultérieurs ?

Dans certains milieux, on signale que la crise québécoise peut rendre un grand service à l'humanité, par exemple, dans l'élaboration d'un modèle québécois de socialisme ou dans la création d'une société véritablement francophone en Amérique. Je trouve à ces théories des relents de missionnarisme. C'est d'abord pour eux-mêmes que les Québécois doivent choisir, pour des raisons intrinsèques à leur propre situation. C'est là seulement que leur geste pourra avoir un sens international. On ne peut décemment penser que l'hypothèse de la séparation puisse avoir de grands retentissements sur l'éthique contemporaine, même en nous maintenant au seul niveau de la culture. Nous avons beau posséder maintenant une littérature, une musique, des chansonniers et quelques éléments d'une industrie culturelle, nous ne sommes tout de même pas, par nous-mêmes, une culture dominante. Mais nous sommes un cas d'espèce, Toynbee l'avait déjà reconnu. Nous apportons un quelque chose, si minime soit-il. Et il est raisonnable de penser, au moins pour nous, que le débat actuel va déterminer pour de longues années à venir le discours éthique. À la morale domestique du christianisme traditionnel, à la poussée personnaliste de l'existentialisme et de la psychologie moderne, la crise politique va substituer une thématique de caractère collectif qui tendra à devenir dominante. Dans quelle mesure cette interrogation prendra-t-elle corps dans des praxis repérables et pourra-t-elle guider des choix quotidiens ? Plusieurs de mes amis moralistes déplorent la « perte de la fibre morale » chez mes concitoyens, comme si la nouvelle perspective qui naît permettrait de critiquer et d'évacuer les anciennes exigences sans vraiment imposer de « sacrifices » et de « conversions » pour maintenant. On a beau être « quelque chose comme un grand peuple », un peuple ne survit pas si les individus qui le composent n'investissent pas une part considérable de leur propre vie dans l'existence commune. Si chacun fraude au dépend de l'État, ne pense qu'à son profit étroit et ne rêve qu'à des vacances en Floride, il n'y a pas grand espoir.

L'hypothèse de la séparation a tendance actuellement à être dramatisée et à faire surgir des militances partisanes et passionnées. Elle est lourde, de part et d'autre, d'une certaine violence, d'une intransigeance. Je suis, pour ma part, plutôt porté à y voir l'émergence d'une nouvelle générosité, Dans les années qui viennent, nos politiciens auront-ils le courage de faire appel davantage à cette

André Beauchamp

militance courageuse faite de gratuité et de conviction, ou la rentrée des grands intérêts favorisera-t-elle plutôt l'engagement massif de mercenaires ? Nous aurions alors perdu une bonne chance de devenir meilleurs que notre propre cœur. À bien y penser, en parodiant Clémenceau, on pourrait dire que la politique est une chose beaucoup trop sérieuse pour la confier aux politiciens. La question politique est une question morale. Et c'est à la conscience des hommes et des femmes d'ici qu'elle s'adresse ultimement !

Séparation et culture

UNE FAMILLE ET LE RÉFÉRENDUM

Joseph-Marie Levasseur

Joseph-Marie Levasseur est professeur au Cégep de Rimouski où il enseigne la littérature et l'histoire. Il s'intéresse plus particulièrement au phénomène de la coincidence entre l'histoire et la littérature dans le contexte de la Renaissance française et dans le contexte québécois actuel.

Il n'y a pas, à ma connaissance, de modèle théorique à proposer pour étudier le binôme famille-référendum. Il ne me reste qu'à vous faire part de l'expérience que ma famille et moi nous vivons, plus spécialement dans l'optique politique de la famille et du référendum.

Selon certaines notions, ou selon les administrations, une famille compterait des parents et des enfants. Dans ma famille, nous sommes seulement un père, une mère, deux fils, une fille. Nous voulons nous comporter comme tels. Il faut noter l'ordre traditionnel de la présentation : un père, une mère, des fils, une fille. Il nous arrive, dans les prises de décisions serrées, de tenir compte de cette hiérarchie. En réalité, ce n'est pas tant un ordre immuable qu'un arrangement utile. Il faut bien un début... ou une fin.

Le père est le fils d'un patron qui a pris ses repas avec ses employés, chaque jour, pendant plus de trente-cinq ans de carrière. Dans la famille, la parole donnée servait de contrat. De là, sans doute, le refus systématique de croire et de reconnaître les promesses des députés, la plupart du temps des avocats. En politique, on votait pour l'homme du milieu, sans égard au parti. On a toujours « suspecté » les parachutés et ceux qui « se cachaient derrière ». Il n'est pas question d'attache définitive à une idéologie particulière bien qu'on ait été longtemps conseiller municipal sous Duplessis.

Ce fils unique, en plus de vivre une xénophobie typiquement canadienne-française, tient un côté nationaliste assez poussé, ayant été encouragé dans cette voie par huit années de pensionnat dans un collège classique où Lionel-Adolphe Groulx, l'A.C.J.C., l'Ordre de Jacques-Cartier, comptaient sur des missionnaires, à la façon des marxistes-léninistes d'aujourd'hui en milieu collégial.

La mère est l'aînée d'une famille de trois garçons et de sept filles. Cette femme a appris, très jeune, à être « rouge » comme son père l'est toujours et son grand-père l'a été : pas d'apostasie possible dans ce milieu familial. L'étiquette, c'est le produit. Bien qu'on soit reconnu comme « rouge » dans la petite ville où vit cet ancien forgeron, devenu vendeur de machines agricoles, puis propriétaire de garage — le progrès, quoi ! —, il ne fallait pas (encore aujourd'hui) trop faire voir ses attaches politiques aux clients : « Vous comprenez, les affaires ! » On a accepté cependant « d'être placé » au conseil municipal et à la commission scolaire comme « représentant » de quartier, de parents.

Comme la famille était nombreuse et que, malgré la Providence, il fallait prévoir la malchance « par un bon métier pour gagner sa vie au cas où... », on a envoyé l'aînée dans un couvent de sœurs anglaises catholiques du Nouveau-Brunswick, pour « apprendre l'anglais », sans doute, indirectement, les Anglais. Ce couvent unilingue-anglais-catholique-mixte — l'idéal rêvé — a connu quatre autres membres de la famille, les deux dernières filles se refusant à ce moule.

Bref, la mère de mes fils et de ma fille a connu la religion et les affaires en anglais dans un milieu où les compliments aux francophones étaient plutôt des pénitences de confessionnal. Ces souvenirs vivaces font qu'assez souvent la « unity » en prend pour son rhume. Malgré cela, la mère de mes deux fils et de ma fille a gardé le rouge fédéral et le rouge provincial avec, par faiblesse passagère, un appui à la plus belle réussite des libéraux fédéraux au Québec, le parti du Crédit social. Cela, sans rougir.

Qu'a-t-il pu résulter d'une telle alliance ? L'union de vingt-cinq ans dure, solidement, bâtie sur la connaissance et sur la reconnaissance de l'autre. Dans ce contexte du couple, malgré quelques heurts que l'oreiller répare, le mariage n'a pas été un asservissement, ni un anéantissement de l'un aux dépens de l'autre. Il s'agit tout simplement de s'aimer et surtout faire preuve de jugement. La fidélité serait d'abord le respect de sa propre décision, de son propre choix. Dans le domaine politique, se retrouve cette attitude. Chacun a conservé des convictions profondes dictées par son hérédité, son milieu, sa personnalité « mûrissable ». Il n'est pas question, en aucun cas, de forcer une opinion définitive. On peut, tout au plus, envisager des problèmes sous des angles différents. On se permet même, comme couple ou comme individu, quelque « déviance » persuadés que le déviant peut servir de moteur au progrès. Le projet politique du gouvernement actuel ne nous effraie aucunement.

Avec leurs traditions « vivantes », le père et la mère s'ouvrent donc à la nouvelle option politique offerte. Mais avant tout, ils se documentent. Cette démarche consciente sert de facteurs d'entraînement pour les autres membres de la famille. Les journaux, les revues, la télévision sont menus quotidiens. La plupart du temps, les sujets importants sont abordés au repas du soir : le matin, il est trop tôt ; le midi, chacun doit retourner vite à son occupation ; à la fin du jour, la table est le lieu privilégié de rencontre et le prétexte aux échanges d'où sortent les tendances, les orientations, voire les décisions. On tolère parfois la lecture des journaux à la table. Souventes fois, les nouvelles télévisées provoquent les commentaires et les interventions animées. Nous vivons ensemble, nous nous rencontrons. Nous prenons le temps d'être vraiment présents.

Pour ma femme et pour moi, le référendum représente une hypothèse attrayante. Sans plus. Le fédéralisme, le provincialisme sont d'autres hypothèses moins jeunes, moins vierges. Sans plus. L'important, c'est de trouver la solution. Nous n'avons pas à être contre les Anglais. Nous nous devons d'être pour nous, de la meilleure façon. Attendons la question. À quoi faudra-t-il répondre ? Comme personnes responsables, nous évaluerons les conséquences du geste que nous poserons car, après nous, il y aura nos fils et notre fille. Qu'en pensent-ils ?

Mes deux fils sont aussi différents l'un de l'autre que le jour et la nuit le sont.

L'aîné, depuis toujours, fait preuve d'une curiosité intellectuelle peu commune. Il achète ; il consulte ; il lit des livres de politique, des journaux divers, des revues spécialisées dans tous les domaines. C'est un perfectionniste, sans cesse. Les problèmes les plus actuels l'intéressent au plus haut point. Il va du ski acrobatique qu'il contrôle bien aux acrobaties des politiciens, des économistes, des « pétroleurs » qu'il juge sévèrement. Finissant en administration (finance et marketing) à l'Université du Québec, il aurait pu réussir en génie ou en architecture. Il a préféré l'administration même si ses études collégiales l'avaient préparé aux sciences dites pures.

Ce fils aîné connaît les partis politiques canadiens, québécois et américains. Il distingue les avantages et les désavantages des programmes des uns et des autres. Jusqu'à ce jour, il existe chez lui une tendance péquiste et, par le fait même, un penchant sérieux pour la formule souverainiste. Son option a pu se forger en famille, puisque nous ne rejetons pas le nationalisme. Au cégep, il a subi, comme il le dit, la « philo » du professeur de philosophie et les textes des « auteurs » préférés d'un professeur de français engagé. Quant aux sociologues, il les a évités de son propre chef. Les parents de son amie sont de « rouge teindus » et fédéralistes effrayés.

Évidemment, il discute d'abondance du choix politique offert et de l'organisation proprement dite du référendum, à la façon d'un « gars du marketing ». Mais, sans plus. Il comprend, devant la portée de certaines de nos objections et devant certaines expressions misérieuses de son frère, que la vérité n'est pas si simple qu'un slogan politique. D'où une hésitation prudente que son impulsivité ne peut vaincre. Il faut retenir que sa formation universitaire le pousse dans le système des chemises et des cravates. Comme bien des Québécois, il sent comment il faut voter à Ottawa et à Québec. En famille, il sait que son option n'est pas refusée, ni rejetée.

Plus jeune de trois ans que son frère, mon deuxième fils ne semble pas s'intéresser aux problèmes que nous soulevons. Il lit parfois les journaux et les revues qui s'étalent dans les pièces de la maison, quand il « n'a pas d'autres choses à faire ». Il est plus loquace avec ses deux amis, mais, à la maison, il intervient parfois dans nos discussions. Il écoute le plus souvent pour sourire et s'en va en branlant la tête. Il se destine aux études dentaires. Comme bien des jeunes Québécois sortis de la chaîne de montage, il attend sa place, selon l'Ordre. Actuellement, il poursuit des études en biologie à l'Université du Québec. Il ira en bio-agronomie à Laval s'il n'est pas accepté en médecine dentaire.

Pour lui, les « aventures politiques », « croire en ces gens-là », c'est perdre son temps. « Ce sont, selon son expression, des mémères qui ne savent pas où elles vont et qui jasent, jasent... »

On peut croire qu'il subit l'influence de toute la famille, la grande famille, puisque nous sommes en recherche et qu'il nous

Une famille et le référendum

arrive souvent de jouer à l'avocat du diable. Ses oncles, des patrons avec qui il se plaît, font partie de l'opposition en attente. Bien plus, ses amis sont fils d'entrepreneurs près des gouvernements, quand ce n'est pas le fils d'un ex-député, toujours maire de sa ville. Il n'est donc pas étonnant qu'on lui trouve une bonne part de conservatisme. Préférons le mot prudence. Il n'est pas homme à avoir peur des idées récentes car il faut l'avoir vu à l'œuvre dans les compétitions sportives où il est reconnu comme un fonceur,

Ses rares interventions, quand il veut être sérieux, mettent du poids dans la balance et sont un enrichissement pour tous les autres membres de la famille. Il lit peut-être peu. En revanche, il rencontre beaucoup de personnes. Il sait surtout écouter.

Et ma fille. Quinze ans. Quel âge ! Elle s'éveille à tout à sa manière, selon sa façon de penser, d'agir, de se vêtir. Elle vient de découvrir qu'elle a des empreintes digitales à elle seule, une personnalité en devenir. « Moi, je pense que et je me... » Ce qu'il faut être patient. Ce qu'il faut savoir intervenir. Ce qu'il faut savoir se retenir. Il reste qu'elle n'a pas perdu l'habitude de poser les questions. « C'est quoi, votre référendum ? », dit-elle. « Quelle différence entre fédération et confédération ? » « Y a-t-il des chanteurs qui font de la politique, à part... ? » Chacun s'arrête et tente une explication selon son optique. Alors, elle nous conseille fortement de « nous brancher ». Devant sa recherche d'absolu, nous lui présentons habituellement le dictionnaire pour qu'elle trouve elle-même une définition neutre d'un mot ou d'une expression. Nous savons que nos écoles n'abusent pas de ce volume. Pourtant, le vocabulaire politique « péquiste » rôde... et les portraits de vrais Québécois... comme exercices de français.

Un père, une mère, deux fils, une fille, mènent l'expérience de vivre ensemble avec leur être propre, avec leurs aspirations profondes. L'étude, l'échange, la compréhension, l'usage de la liberté, le binôme droit-devoir, le sens des responsabilités, telles sont quelques-unes des facettes qu'il faut retenir pour mener à bien la recherche du mieux-être, du bonheur. Marquée au coin de la prudence, l'expérience de la vie familiale peut réussir à condition de la penser, de l'évaluer et de ne pas courir après les faux bonheurs comme après les faux prophètes. C'est le bonheur que je nous souhaite...

Joseph-Marie Levasseur   135

LES ANGLOPHONES DU QUÉBEC

Storrs McCall

Storrs McCall est né à Montréal. Professeur de philosophie à McGill, il est spécialisé en logique et en métaphysique. Auteur de Aristotle's Modal Syllogism. *Fondateur et co-président du Comité d'action positive. — Le texte suivant est d'abord paru en anglais dans le* Montreal Star.

Chacun s'accorde à reconnaître que la communauté anglophone du Québec traverse aujourd'hui une crise de confiance et semble se chercher une finalité et une créativité nouvelles. Cette constatation est en partie exacte. Encore ne faut-il pas prendre pour acquis qu'il est trop tard pour redresser la situation.

Arnold Toynbee a dit que l'histoire était une suite de civilisations, c'est-à-dire d'unités sociales à grande échelle, soumises en permanence au test du défi et de la réaction et condamnées à l'extinction en cas de réaction inappropriée. À notre échelle, il est possible d'imaginer que la communauté anglophone ainsi que les diverses communautés allophones du Québec soient confrontées au défi de Toynbee. Si aucune réaction de créativité ne se manifeste, ces communautés rejoindront les Catalans du sud de la France et les Caraïbes des Antilles dans les pages des livres d'histoire.

Cet article se propose de définir le genre de réaction que pourraient susciter les problèmes auxquels les allophones et les anglophones du Québec sont confrontés. Réaction qui devrait être motivée par une finalité commune, une générosité d'esprit et un profond désir de survie.

En premier lieu, il est évident qu'aucun groupe ne peut se replier sur lui-même au sein d'une société moderne et ne plus communiquer avec le groupe majoritaire dans lequel il baigne. Si la communauté anglophone du Québec veut survivre, elle doit s'efforcer de communiquer en français avec les Canadiens francophones, à tous les niveaux. Plus encore, nous devons faire preuve d'un esprit d'ouverture, de bonne foi et de générosité. Cette attitude est dictée par un impératif humain éternel et également par le fait que les relations entre francophones et anglophones du Québec n'ont pas toujours été ce qu'elles auraient dû être. La porte est ouverte. Nous avons l'occasion d'établir, sur un pied d'égalité, de nouveaux liens plus profonds et plus durables.

Les exemples ne manquent pas. Nous devons être en mesure de lire *Le Devoir* ou *La Presse*, nous devons déjeuner avec nos collègues francophones et ne pas hésiter à leur demander de nous révéler les finesses de leur langue lorsqu'elles nous échappent. Ce n'est pas la qualité de votre français qui importe, mais votre désir de le parler. Kant n'a-t-il pas dit que la bonne volonté était la seule bonne chose au monde qui échappe à toute exigence de qualité ?

En résumé, pour vivre intégralement votre vie dans la province de Québec, vous devez parler français et, si vous y parvenez mal, n'abandonnez pas, faites ce que vous pouvez.

Ceci étant dit, ce qui suit est tout aussi important. L'obligation qu'ont les anglophones du Québec d'apprendre le français ne signifie absolument pas que nous ayons à renoncer à notre langue, notre culture, nos traditions et notre identité historique. La participation, voire l'intégration, ne sont pas synonymes d'assimilation. Depuis plus de 200 ans, les progrès du Québec sont le fruit d'une entreprise commune. Anglophones et francophones ont travaillé, ensemble, à bâtir une société et un mode de vie qui n'ont pas leur pareil dans le monde entier. Il n'est rien ici dont les anglophones aient à rougir. Au contraire, nous avons œuvré avec une même détermination pour cultiver nos terres et mettre notre province en valeur. La seule différence vient du fait que les capitaux importés pour développer le Québec furent essentiellement des capitaux anglais, venus de Grande-Bretagne et des États-Unis. Si ces capitaux étaient venus de France, le problème aurait été inverse. Mais ce ne fut pas le cas. C'est de cette réalité historique qu'est née l'image populaire voulant que les anglophones du Québec soient les exploiteurs. À ce chapitre, il faut se souvenir que dans les Cantons de l'Est (seule région à avoir été étudiée jusqu'ici), 88% des anglophones sont des travailleurs ma-

Les anglophones du Québec

nuels, des agriculteurs, des étudiants, des retraités et des chômeurs. L'image populaire voulant que la communauté anglophone du Québec ne soit composée que de présidents de banque et de courtiers en Bourse, vivant du travail des francophones, est totalement erronée. Avec l'application progressive de la loi 101, c'est en fait l'anglophone unilingue non qualifié qui tombera de plus en plus au bas de l'échelle économique.

Quels seront donc les besoins de la communauté anglophone si elle veut préserver sa culture, ses traditions et son identité ? En premier lieu, elle a besoin d'une infrastructure sensiblement mieux définie, qui lui permettra de mieux se connaître, de communiquer, de s'exprimer et de vivre ses rêves. Comment les minorités menacées au cours de l'histoire sont-elles parvenues à survivre malgré les contraintes inimaginables qu'elles ont parfois endurées ? Ce n'est certes pas en s'ignorant les uns les autres, en mettant en doute les relations inter-groupes, en étant indifférents aux besoins des moins bien lotis que les juifs espagnols ont résisté au cours des siècles, depuis l'Inquisition. Ils ont survécu parce qu'ils formaient une communauté très liée, ayant d'excellents réseaux de communication et un profond sentiment d'identité.

Sans aller jusqu'à établir un parallèle entre les anglophones et les juifs d'Espagne, je suis cependant persuadé qu'une certaine structuration de la communauté anglophone la rendrait plus cohérente et mieux à même de faire face aux pressions auxquelles elle peut être soumise. Notre communauté doit avoir au moins une vague idée de ce qu'elle est et de l'identité de ses éléments ; elle doit savoir où elle va et ce qu'elle attend de la vie. Dans le cas contraire, elle n'aura que peu de chance de survie si son existence est mise en cause.

Dans cette optique, notre situation n'est pas sensiblement différente de celle des francophones hors Québec. Ayant vu leurs effectifs fondre dans la masse du groupe majoritaire, ils ont eu, il y a quelques années, une réaction aussi créative qu'efficace. Ils se sont regroupés sous l'égide de la Fédération des Francophones hors Québec qui a permis d'établir un trait d'union culturel ainsi qu'un réseau de communication et de rappeler aux autres Canadiens leur existence et leur droit au soleil. Une fois encore, nous n'avons pas à prendre modèle sur la F.F.H.Q. Cependant, si nous voulons faire autre chose que nous résigner à voir notre groupe graduellement rongé par le départ d'un nombre sans cesse croissant de nos membres, nous devons établir une certaine structure.

Parlant devant le Parlement le 27 octobre 1977, M. Roberts, secrétaire d'État, a dit :

> Dans toutes les autres provinces il existe de puissantes organisations représentant les minorités francophones mais, pour diverses raisons historiques, aucune association semblable ne s'est développée au Québec. S'il s'avère que les groupes anglophones sont prêts à collaborer et à mettre sur pied une organisation ou une structure les représentant comme minorité linguistique officielle au Québec, nous sommes prêts à les encourager et à les appuyer en ce sens. Je pense, a-t-il poursuivi, qu'une telle structure pourrait être un intermédiaire utile entre les anglophones du Québec et le gouvernement provincial ainsi qu'un porte-parole de ce groupe auprès du gouvernement fédéral.

La communauté anglophone du Québec devrait sans tarder prendre M. Roberts au mot et créer cette organisation à laquelle il a fait allusion.

Je m'attarderai maintenant à un autre problème qui touche notre communauté, problème symptomatique du malaise affligeant dont nous souffrons. Il s'agit de l'exode des jeunes anglophones. Toute société qui ne se régénère pas est condamnée à l'extinction. Or, que voyons-nous ? Selon une étude récente effectuée pour le groupe *Anglo Québec en Mutation* par Gary Caldwell de l'Université Bishop, 31% des étudiants diplômés en 1971 d'une vingtaine de collèges anglophones du Québec avaient quitté la province en novembre 1976. Aucune communauté ne peut se permettre de soutenir un tel taux d'émigration si elle veut survivre. Quels sont les raisons qui poussent nos diplômés à partir ? Il est regrettable que ce sujet ait été délicatement écarté au profit de la méthodologie adaptée par les chercheurs, lors de la discussion du 8 novembre qui a suivi la présentation de l'étude Caldwell. Les explications ne manquent pas. Il se peut d'une part que les diplômés aient constaté que leurs études, en particulier au niveau de la connaissance du français, ne les avaient pas suffisamment préparés à vivre dans la province. Peut-être ont-ils estimé que l'activité économique du Canada s'était déplacée vers l'Ouest ? Il se pourrait également que leur départ ait été motivé par leur désir de poursuivre des études universitaires plutôt que d'entrer dans les cégeps. Jusqu'à ce que nous étudiions en profondeur les motifs de cet exode silencieux mais manifeste, nous n'aurons pas la réponse à ces questions. Et tant que nous ne connaîtrons pas les réponses et n'aurons pas porté remède à leurs causes fondamentales, nous continuerons de perdre nos jeunes. Nous voyons là un projet tout trouvé pour une éventuelle fédération anglophone.

Je m'attacherai maintenant à un autre sujet. Je suis sceptique sur les possibilités de cohésion au sein de la communauté anglophone du Québec, si celle-ci n'est motivée que par des impératifs d'entraide. À moins que n'apparaisse un motif quelconque, une finalité commune ou une émotion partagée, la désagrégation du groupe se poursuivra. Existe-t-il un objectif ou un sentiment collectif qui puisse stimuler la cohésion de notre communauté ?

Lorsque la loi 101 et précédemment la loi 22 ont été promulguées, nombre d'entre nous ont tenté de se rallier sous la bannière de la liberté de choix. Même s'il est inattaquable du point de vue moral et philosophique et fait vibrer une corde sensible chez tout Anglo-Saxon, ce principe ne pouvait être retenu car il dressait contre nous un certain nombre de dirigeants francophones. Il ne faut pas oublier que les francophones considèrent leur existence démographique menacée. Pour eux, la liberté de choix permet aux immigrants allophones de s'intégrer à la communauté anglophone et compromet l'équilibre démographique. Pour la plupart, nous comprenons le bien-fondé de cette menace et c'est pourquoi nous admettons l'opposition des francophones à une liberté totale de choix de la langue d'enseignement. D'un point de vue philosophique et émotionnel, nous penchons et pencherons toujours en faveur de la liberté de choix ; mais devant l'évidence d'une menace démographique, nous accepterons volontiers d'abandonner cette idée (sauf dans les autres domaines touchés par la loi 101) aussi longtemps que la menace demeurera. Tout ceci pour dire que la liberté de choix n'est pas, à l'heure actuelle, la bannière idéale sous laquelle peuvent s'unir les anglophones.

Existe-t-il une autre motivation assez forte pour cimenter les énergies de la communauté anglophone, une motivation suffisamment partagée et suffisamment profonde pour rallier tous les éléments de notre groupe et devenir le but commun ou la raison d'être de notre existence ? Je pense qu'il en existe une. Sa description même permet d'en mieux cerner le caractère. En premier lieu, considérons la société que nous appelons Canada. Le Canada, tel que je le conçois, est une société basée sur l'idée que deux peuples différents, parlant des langues différentes, peuvent vivre ensemble en harmonie. Vivre ensemble ne signifie pas vivre dans des zones linguistiques distinctes comme le font depuis peu les Belges, mais plutôt vivre et travailler côte à côte. Si l'idée même peut paraître quelque peu utopique, il n'en est rien et la ville de Montréal en est la preuve frappante. Ceux qui continuent de penser que Montréal reste le lieu de « coexistence de deux solitudes » ou « la bouteille aux deux scorpions » seraient mieux inspirés d'établir des comparaisons entre le monde actuel des affaires et ce qu'il était il y a cinq ans ou même un an. Qu'il leur suffise d'écouter l'accent de bien des réceptionnistes lorsqu'elles répondent au téléphone. Il reste encore beaucoup de chemin à parcourir, mais le cap est nettement pris et les progrès sont tangibles.

Montréal est actuellement ce que le Canada est potentiellement ou peut-être ce que les Pères de la Confédération pensaient que le Canada pourrait devenir. Montréal symbolise l'essence du Canada, si on la considère comme l'enfant des deux peuples fondateurs. En tant que telle, cette ville est l'élément essentiel, le creuset de l'unité canadienne. Si nos deux peuples ne peuvent s'unir à Montréal, ils ne le pourront nulle part ailleurs. Montréal se trouve ainsi investi d'un rôle particulier dans la lutte pour l'unité nationale qui promet d'être une préoccupation majeure jusqu'au référendum. Nous désirons préserver l'intégrité du Canada en tant que nation et la meilleure façon dont nous puissions y parvenir est de travailler ensemble, francophones et anglophones, à la construction d'un Québec nouveau et plus fort.

Nous avons deux propositions à soumettre qui pourraient rallier les efforts de tous les Anglo-Québécois. En premier lieu, le Canada est un pays qui vaut d'être préservé. En second lieu, le rôle de la minorité anglophone du Québec ainsi que des minorités francophones des autres provinces se révélera essentiel au niveau de l'unité canadienne. Ces deux propositions sont importantes et méritent quelques minutes de réflexion. Le Canada vaut la peine d'être préservé si l'on entend par Canada un pays de nature biculturelle, un pays qui accueille des ressortissants de diverses nationalités et langues mais où le français et l'anglais occupent une place spéciale. Si le Canada doit être autre chose, il est alors préférable que les éléments francophones et anglophones de notre population se répartissent sur des régions géographiques différentes, sachant que cette séparation de fait entraînera inévitablement, et à court terme, une séparation politique. Par contre, si le Canada doit rester un pays pluraliste, les domaines et les zones actuelles de contact entre les cultures française et anglaise doivent être préservés, voire développés autant que faire se peut. À l'heure actuelle, Montréal et ses environs représentent la principale zone de contact. On constate ainsi à quel point le rôle de la minorité anglophone du Québec est vital dans le débat sur l'unité nationale et les initiatives que nous pouvons prendre dans cette affaire revêtent une importance disproportionnée par rapport à notre nombre.

Quel est le rôle de l'Anglo-Québécois dans la lutte pour l'unité nationale ? En premier lieu, quitter le Québec correspond à se désintéresser du problème et à ne jouer aucun rôle. Il est vrai qu'à l'heure actuelle, à moins de faire preuve de générosité et de courage, certains aspects de la vie dans notre province incitent nombre d'entre nous au départ. Cependant, des sentiments tout aussi puissants vis-à-vis de notre milieu familial et social ainsi que vis-à-vis du pays contrecarrent ces forces. La transposition de ces sentiments en termes concrets peut former la trame d'un idéal collectif si nous disposons d'un organisme approprié de communication et d'échange au niveau social. La communauté anglophone du Québec aura alors un rêve à réaliser et, partant, trouvera la confiance qu'elle n'a pas à l'heure actuelle. Elle a besoin, pour survivre, de cet idéal et de cette confiance ; avec elle pourrait également survivre une société pluraliste, ouverte et composite qui a pour nom « Canada ».

TÉMOIGNAGE D'UN ÉTUDIANT: ALARME ET ESPOIR

Jeff Roberts

Jeff Roberts est natif de Pointe-Claire ; il prépare actuellement un doctorat à McGill.

Ma mère est née au Canada et porte un nom irlandais. Peu avant la deuxième guerre mondiale, ayant fini sa formation d'assistante sociale, elle quitte Toronto pour venir à Montréal, une ville qui avait la réputation d'être *more fun*.

Des amies, pieuses protestantes bien intentionnées, l'avaient avertie : *sin city* ne l'effrayait pas, cette réputation était plutôt une attraction. Elle n'a jamais regretté sa décision. Maintenant, pourtant, elle s'inquiète : quel avenir le Québec réserve-t-il à ses anglophones ? Autrement dit, qu'est-ce qu'un(e) Québécois(e) après la reconquête ?

Mon père est de naissance suisse alémanique, l'allemand est sa langue maternelle et le français sa langue seconde. Il arrive à Montréal après un stage de deux ans dans une banque parisienne. Il a commencé à travailler dans des milieux francophones. Il réalise assez vite que son avancement économique et social (en cette période de l'histoire du Québec) était plus sûr s'il cherchait à trouver place dans la communauté anglophone. Il y trouve place. Il épouse ma mère puis s'installe à Pointe-Claire où il élève ses cinq enfants. Sa maison était au West Island : il y communiqua affection et respect pour les Canadiens français qu'il avait connus.

Je fus donc élevé dans une famille qui avait des attitudes positives à l'égard du fait français. Mon père s'efforça de nous parler français à la maison. Il finit par y renoncer. Notre résistance était trop tenace. Nous préférions être comme nos petits amis de l'école, c'est-à-dire des Anglais. Néanmoins, l'encouragement au bilinguisme resta constant. Aujourd'hui, quatre d'entre nous sont à l'aise avec le français comme langue seconde, le cinquième (comme notre mère) réussit à le comprendre.

L'atmosphère à l'école était assez différente. La plupart de mes amis avaient des attitudes négatives et celles-ci évidemment avaient tendance à devenir les miennes quand j'étais avec eux. Plusieurs de nos professeurs semblaient partager ce genre d'attitudes. Ainsi nos professeurs de français *tenaient à nous enseigner* le français *parisien*, c'est-à-dire une langue « supérieure » à celle « d'ici ». Lorsqu'ils se sentaient généreux, ils faisaient allusion à l'intéressante survivance canadienne des « dialectes normands et bretons du XVIIe siècle ».

Par conséquent, j'ai commencé à faire une distinction entre deux sortes de français : d'une part, celui qu'on m'a enseigné à l'école et qui m'était imposé d'autorité et, d'autre part, celui que j'ai entendu dans la rue et que j'ai trouvé plus vif, plus animé. Pour ma part, je préférais parler *joual* — ou « québécois » comme aime dire Michel Tremblay — parce que c'était pour moi la langue des gens heureux que j'avais du plaisir à connaître. Je peux comprendre pourquoi on dit que l'âme d'un peuple se manifeste dans son langage : notre façon de parler représente en même temps notre façon d'être nous-mêmes. Ainsi, lorsque les Canadiens gagnaient la coupe Stanley, on écoutait le reportage français ; on pouvait mieux savourer le triomphe des joueurs francophones.

De la même manière, je suis plus moi-même quand je m'exprime en anglais. La question devient donc la suivante : Est-ce qu'on est prêt à accepter les autres tels qu'ils sont et tels qu'ils se présentent et non pas comme on pense qu'ils devraient être ? Pouvons-nous croire que « the otherness of other lives », comme l'on dit en anglais, ne peut qu'enrichir la vie de tous ?

Henri's Pool Hall devint vite l'endroit où j'appris le plus de français. Cet établissement était fréquenté par les Canadiens français. Il était même si populaire que monsieur le curé avait fait des efforts pour obtenir que, le dimanche, Henri n'ouvre qu'après la messe. (Sans doute s'inquiétait-il et du salut de nos âmes et de l'emploi que nous faisions de notre argent !) Vite, j'ai été initié — avec étonnement — à certains traits particuliers à la langue de mes voisins : quand ils juraient, ils faisaient allusion à la liturgie, alors qu'au High

Témoignage d'un étudiant

School on invoquait le sexe et autres activités corporelles moins illustres.

Cherchons à faire le point. À quinze ans, mes attitudes étaient ambivalentes, contradictoires même. Je connaissais des Canadiens français et leur monde m'attirait. Par ailleurs, une étroitesse d'esprit m'amenait à des attitudes méprisantes et des *jokes* sur les *frogs*. Durant la dernière année du High School, cette ambivalence a cessé. J'ai décidé que j'aimais le Québec français et j'ai compris qu'une relation amicale exigeait l'égalité. Il m'a donc fallu renoncer aux prétentions à la supériorité. C'était en 1969.

Il y a là de l'ironie (certains y verront même une rétribution poétique). Ma « conversion » risque d'être inutile. Je veux dire par là que ma conversion risque de n'avoir trouvé qu'une solution partielle. Mon futur en effet est lié à celui de ma communauté. Et ma solution personne n'est que partielle, car ma communauté, pour sa part, reste dans une certaine ambivalence. Je sais aussi que la direction dans laquelle cette communauté, dans son ensemble, évoluera, dépend à la longue du caractère que prendra la société québécoise dans son ensemble. À même échéance, cela dépend de l'aboutissement d'un autre processus qui lui aussi cherche à mettre fin à une ambivalence ; je fais allusion évidemment à ce que l'on appelle le référendum.

Voilà donc le *background* qui m'amène à jeter sur le papier quelques considérations sur l'avenir de nos deux communautés.

Mais ouvrons une autre parenthèse pour préciser la formation intellectuelle que j'ai reçue et qui sous-tend mes propos. J'ai maintenant 26 ans et j'achève une scolarité de doctorat à McGill en psychologie de la religion et spiritualité. Durant le 1er cycle (à McGill aussi), j'ai étudié la théorie politique. J'y ai flirté avec le marxisme, puis j'ai donné mon adhésion à la théorie libérale de la démocratie constitutionnelle. Je n'ai dès lors pas changé d'avis sur ce point. Le mouvement psychédélique des années soixante et un intérêt croissant pour la vie religieuse m'ont conduit vers la Faculté des sciences religieuses. Des intérêts à la fois personnels et professionnels motivent mes études ; celles-ci portent sur la psychologie des profondeurs, sur ces ouvertures vers des réalités moins superficielles qui nous sont ménagées par les transformations de la conscience. Je n'ai pas perdu mon intérêt pour les questions politiques, loin de là. Mais mon attention porte avant tout sur la conception de l'homme

Jeff Roberts 147

qui sous-tend et forme les théories politiques qui animent la vie d'une société.

Voici maintenant mes réflexions sur notre situation actuelle.

La plupart des indépendantistes, et même certains Québécois francophones qui ne partagent pas de telles convictions, semblent convaincus que tous les Anglo-Québécois peuvent se sentir chez eux n'importe où au Canada anglophone. Cela est faux. Pour moi, c'est clair, *Québec is home*. Je suis né ici et j'ai été élevé ici. Mon identité a été forgée par l'interaction entre Français et Anglais. Je réalise ce fait encore davantage quand je me trouve dans des parties du Canada où il n'y a pas de Canadiens français. En fait, je me sentirais déshérité si le reste du Québec venait à décider qu'il ne veut pas de moi ici.

D'autres Québécois m'ont parlé récemment avec condescendance et cela m'a mis en colère. On a cherché à me rassurer. Comme Anglo-Québécois, m'a-t-on dit, j'avais des « droits », pire, on m'a même accordé des « privilèges ». Soyons précis. On peut dire d'un étranger reçu comme immigrant qu'il a certains droits et privilèges. Mais une fois qu'il est un citoyen (ce terme technique est essentiel), on ne peut parler de lui dans ces termes, à moins alors que l'on se mette à parler des droits (ou privilèges) de *tous*. La citoyenneté ne saurait être différenciée : elle donne à tous un statut égal. Ce n'est pas une question de pourcentages mais de principes (si l'on se base sur une théorie démocratique). Et l'on permettra certainement à un anglophone né ici de dire cela avec une certaine chaleur.

Si l'on examine l'histoire ou la culture, on ne peut pas dire purement et simplement que le Québec est français. Le Québec n'est pas français. Il est multilingue, et dans l'ensemble (pour ne faire allusion qu'aux deux groupes les plus importants) français et anglais. Cela est vrai au moins à Montréal, dans une partie des Laurentides et des Cantons de l'Est. Dire cela n'empêche pas de dire aussi avec une égale fermeté que le français prédomine au Québec et que le Québec est le foyer du Canada français (si l'on ose laisser de côté les Acadiens). Ce rôle particulier du Québec n'est pas quelque chose que je reconnais du bout des lèvres. Je l'affirme avec force. Cette particularité du Québec fait que je m'y trouve bien et que je veux y rester. Mais je ne peux pas accepter de devenir un citoyen marginal — moins égal que les autres — dans mon propre pays, un pays qui dans mon esprit est au moins bilingue et certainement multiculturel.

L'indépendantiste peut citer le passé (et même le passé récent) pour justifier l'inégalité qu'il souhaite imposer. On ne bâtit pas un bon gouvernement sur la base de la loi du talion. Les injustices du passé récent expliquent l'essor de forces qui veulent changer les rapports, quitte à créer d'autres injustices. Mais cela ne justifie pas des atteintes à la liberté et l'égalité. Loin d'excuser le passé, j'ai essayé d'en tirer les leçons, pour ne pas retomber dans ses erreurs et rencontrer à nouveau ses échecs. Je suis convaincu que notre manière d'assumer le passé déterminera le caractère à venir de notre société et y fera régner les qualités, indéfinissables peut-être mais toujours tangibles, qui établissent le ton, l'humeur, en un mot, l'esprit d'une communauté d'êtres humains. Il serait bon de veiller de très près sur toutes ces choses, surtout à une époque où le nombre des démocraties dans le monde semble toujours s'amenuiser.

Examinons maintenant le débat constitutionnel. Pour l'instant, il me semble avoir été dominé par une confrontation entre deux modes de pensée différents. Je réussis le mieux à rendre compte de ma perception des choses en soulignant le contraste entre le mode de pensée philosophique et le mode psychiatrique. Je ne propose pas ainsi un contraste entre politique rationnelle et politique émotive. Il y aura toujours des sentiments en politique et dans tous les arguments. Je vois plutôt un contraste entre les moyens auxquels on a recours pour présenter ou contester la cause. Et qu'on ne doute pas que c'est une question importante. Après tout, le vrai caractère démocratique d'un mouvement social et politique est déterminé non seulement pas ses structures et procédés internes, mais aussi par sa manière d'engager le dialogue avec ses concitoyens.

Lorsqu'un mode de pensée philosophique s'exprime sur la scène publique et prend corps dans un style politique, il cherche à faire appel à des premiers principes, évidents, raisonnables, dont la vérité est largement acceptée parce qu'elle est basée sur une délibération commune, rationnelle, sur l'homme et sa société.

Le mode psychiatrique, et par conséquent le style en politique qu'il sous-tend, est par contre très différent. Jetons un coup d'œil sur la psychologie des profondeurs pour voir où je veux en venir. La psychologie des profondeurs (psychiatrie, psychanalyse, etc.) repose sur une observation qui est pénétrante : on trouve dans l'inconscient des éléments qui par leur nature même sont irrationnels ou infra-rationnels. L'analyste doit donc les *interpréter,* puis les *trans-*

poser au plan de la pensée consciente actionnelle, *avant* que le patient puisse les comprendre et agir à leur égard. Le médecin parle paisiblement, mais il ne discute pas avec son patient : il a posé son diagnostic et traite son malade. Qu'on parle d'une névrose individuelle ou de la soi-disant névrose collective d'un peuple, la méthode reste la même.

Un processus de discussion publique engagé selon la méthode psychanalytique n'a donc pas besoin de *développer* des arguments ou de répondre à des objets. En fait, toute argumentation est impossible une fois que l'analyste (ou le gouvernement qui l'appuie) a formulé son diagnostic et son ordonnance. Soyons plus concrets. Les audiences sur le bill 101 furent une farce tragi-comique. La psychiatrie donne au Dr Laurin tout ce dont il a besoin (ou dont il croit avoir besoin) pour expliquer toute ombre de résistance que ses idées rencontrent auprès de certains sujets. S'ils sont des Canadiens français, ou bien ils souffrent d'un complexe d'infériorité et d'une mentalité d'esclave (« false consciousness »), ou bien ils sont des vendus et des traîtres. S'ils sont des Canadiens anglais, ce qu'ils racontent n'est que « logique boiteuse » et rationalisations mises en avant par des oppresseurs. On observe le comportement verbal des êtres de l'autre côté de la table, on ne les écoute pas. Ainsi, expliquant le bill 101 aux anglophones, le Dr Laurin a parlé d'une « odd situation » pour laquelle il a trouvé une « odd solution », et il a invité ses interlocuteurs, qui le plus souvent sont sceptiques ou même hostiles, à un « changement » fondamental dans leurs « perceptions ». (Si on se demande pourquoi la communauté anglophone en général n'a pas confiance en lui, même a peur de lui, il suffit de regarder ces fameux soi-disant « hearings ».)

L'incursion de cette méthode psychanalytique dans nos débats politiques me cause une deuxième inquiétude. Quel sera le ton de la campagne référendaire ? Il faut s'attendre à ce que le climat du Québec s'échauffe une fois que chaque groupe de partisans inondera la province de ses messages. La question de la souveraineté-association a inévitablement une profonde coloration émotive et il faudrait vraiment être naïf pour croire que le débat puisse être « purement rationnel ». La présence d'émotions est normale, dans la mesure où nous ne perdons pas tout contrôle sur elles. *Can we all keep some measure of our cool ?* N'oublions pas qu'après le vote nous serons encore tous là, voisins les uns des autres, quel que soit le résultat.

Je crains plus spécifiquement que des activistes empruntent à la méthode psychiatrique des techniques pour manipuler nos émotions et notre comportement. C'est déjà assez grave si l'invitation au oui prend les accents d'une politique messianique, la réponse par « oui » étant conçue comme indice d'« authenticité » québécoise, degré de sa « rédemption », de sa « libération » de « la maison de servitude ». Il y a pire, si des apprentis-sorciers font remonter à la surface toutes les horreurs du passé, comme autant de fantômes prêts à hanter à nouveau nos cauchemars. Des craintes et des ressentiments, de l'amertume et le souvenir des crève-cœurs, peuplent nos inconscients collectifs et peuvent facilement être évoqués. Une fois évoqués, ils retrouvent vie et vigueur. Faut-il leur permettre de modifier, de dominer nos autres sentiments ? On nous dit aujourd'hui qu'il faut *se souvenir* ; d'accord, mais de quoi exactement.

D'un point de vue tactique, le déballage de ces émotions ajouterait de la ferveur à la cause. Mais cela ne risquerait-il pas de déchaîner des tempêtes qui ne manqueraient pas de rendre vains tous les appels à la raison, à la sérénité, à la modération que certains ne se feront pas faute de répéter par ailleurs, et avec ferveur aussi ? Et si nos docteurs deviennent sorciers à force de brasser notre inconscient, qui veillera à ce que les cautères qui guérissent ne deviennent pas des armes cruelles qui créent des blessures profondes, lancinantes ? Mes craintes sont peut-être exagérées mais nous avons déjà vu ce qui se passe lorsque des politiciens jouent avec habileté sur le ressentiment. Lorsque le nationalisme prend ce tournant, il devient une arme à deux tranchants et blesse aussi ceux qui l'empoignent pour se défendre...

Un dernier commentaire avant de se quitter. Anthony Quinn, l'acteur américain, donna à son autobiographie le titre *The Original Sin*. Le péché originel à ses yeux est un refus, le refus de ne pas se laisser aimer par un autre. Parmi les Québécois francophones, certains, c'est clair, ne s'attendent pas à une relation lucide, respectueuse, chaleureuse avec les Anglo-Québécois et ne désirent pas une telle relation. On peut en dire autant de certains Québécois anglophones. Si j'ai écrit cet article avec une pensée derrière la tête, c'est parce que je crois que nous, les autres, pouvons consacrer quelques efforts pour chercher à réussir un tel type de relations. Qui osera dire qu'il sait ce qui finira par en résulter ?

Salut !

Jeff Roberts

IMPLICATIONS CULTURELLES DE LA SÉPARATION POUR LES MINORITÉS FRANÇAISES HORS QUÉBEC

Donatien Gaudet

Donatien Gaudet a été, jusqu'en juin 1978, président de la Fédération des Francophones Hors Québec. Il est actuellement président de la Société des Acadiens du Nouveau-Brunswick et directeur du Centre culturel de Moncton.

Avant d'émettre une quelconque opinion quant au sujet proposé, il nous semble utile de clarifier certains des termes utilisés dans l'énoncé. Ensuite, nous dirons selon quel aspect et dans quelle mesure nous nous sentons liés par son contenu.

Il est question, tout d'abord « d'implications ». Puisqu'« impliquer » signifie engager, envelopper ou renfermer, il y aura lieu de voir s'il y a contradiction possible entre des idées jugées incompatibles.

Le champ des implications, si l'on s'en tient au titre, se limite au plan culturel. Certains universitaires canadiens, lors de nombreux colloques sur l'unité canadienne, ont tenté de démontrer qu'un Québec séparé ne sera pas économiquement viable. Ils faisaient allusion aux implications éthiques au plan économique. Par ailleurs, lorsque M. Pierre Elliott Trudeau affirme que « la séparation du Québec serait un crime contre l'humanité », ses propos sont certainement d'ordre éthique ou moral et semblent englober à la fois les plans économique, politique et culturel. Quant à nous, nous nous en tiendront au plan culturel, en essayant de lui donner le sens le plus large possible.

Le dernier élément de l'énoncé se rapporte aux groupes appelés « minorités françaises hors Québec ». Il s'agit ici, évidemment, de minorités numériques. Celles-ci rejoignent la plupart des autres minorités en ce qui a trait aux conséquences de la minorisation : absence de pouvoir et de droit de parole. Dans certains pays la personne mineure qui contracte mariage devient majeure de droit. Le fait que les minorités françaises hors Québec « n'aient pas les mêmes droits que la majorité serait-il dû au fait qu'il n'y a jamais eu de vrai mariage et que l'union (« unité canadienne ») dont on parle tant n'a jamais existé ? »

Le Canada regroupe, au chapitre des langues officielles, plusieurs minorités de l'une des langues officielles. Si l'on parle, donc, de minorités de langue française hors Québec, c'est afin d'exclure, par principe, la minorité majoritaire qu'est le Québec, et la majorité minoritaire que sont les anglophones du Québec, pour ne considérer que les *minorités minoritaires* que sont les communautés de langue française des neuf provinces anglophones. La vitalité de ces communautés s'exprime différemment, selon qu'il s'agit des minorités des quatre provinces de l'Ouest, des minorités acadiennes de la Nouvelle-Écosse, de l'Île-du-Prince-Édouard et de Terre-Neuve, de la minorité franco-ontarienne ou de la minorité acadienne du Nouveau-Brunswick. Les réflexions qui vont suivre tiendront compte de ces quelques considérations.

Rôle indispensable du Québec

L'histoire a voulu que le Québec devienne le principal foyer de la francophonie en Amérique du Nord. Autour de cette francophonie politiquement imposante gravitent des francophonies dont la vitalité varie en proportion presque inverse de leur distance physique du Québec actuel. Sans l'avoir voulu de façon explicite et consciente peut-être, le Québec, par sa présence dynamique, a réussi à insuffler même chez les plus petites de ces communautés minoritaires de langue française, une volonté de survivre malgré le flot assimilateur qui les ballotte et souvent les noie. De telle sorte qu'il n'est pas déplacé ni exagéré de dire que, quoi qu'il arrive, le Québec gardera son rôle de chien de garde de la francophonie.

La question qui se pose alors est la suivante : Un Québec séparé sera-t-il en mesure d'exercer ce rôle de façon plus efficace ? En d'autres mots, la séparation éventuelle renferme-t-elle une contradiction dans les termes ? Il nous paraît indéniable que le Québec ne saurait affaiblir sa position de promoteur de la langue et de la culture d'expression française sur le continent, et plus particulièrement au Canada sans, à la fois, mettre à long terme sa propre survie en péril. Si, par contre, la séparation du Québec devenait une garantie plus forte de développement des diverses communautés de langue française, nous aurions toutes les raisons du monde de nous rallier à ce principe.

C'est donc à cause de cette exigence fondamentale que nous nous croyons en droit de dire à tous les Québécois, quelle que soit leur allégeance politique, qu'ils ont une responsabilité morale dont ils doivent s'acquitter avec le plus grand soin possible. Considérant les diverses options politiques qui s'offrent à eux, ils ne doivent pas oublier que le sort d'autres groupes linguistiques et culturels apparentés au leur est lié aux conséquences que provoqueront leurs décisions.

Ça donne quoi, la séparation ?

Il est indéniable que des conséquences découleront inévitablement de la séparation du Québec, quelles qu'en soient la nature ou l'étendue. Ce qui semble faire défaut, cependant, ce sont les indices de mesure au moyen desquels l'on pourrait prévoir les résultats qui en découleront. Il ne suffit pas de parler de séparation. Il faut être capable d'en évaluer les effets.

Puisqu'il est à prévoir que les effets d'une quelconque séparation affecteront le sort des minorités de langue française tout autant que celui de la francophonie québécoise, nous sommes en droit de poser quelques questions à tous ceux qui sont préoccupés par la survie et l'épanouissement des communautés de langue française, principalement celles du Canada.

1 — Puisque, dans le passé, ces communautés ont grandement bénéficié de la présence d'un Québec dynamique et rayonnant, croyez-vous qu'il soit opportun non seulement de maintenir, mais même d'augmenter cette influence ?

Donatien Gaudet   155

2 — Puisque, dans le passé, les liens entre le Québec et les communautés de langue française du Canada ont été peu serrés, croyez-vous que les parties en cause devraient établir des structures qui leur assureraient des liens beaucoup plus serrés et des communications beaucoup plus régulières ?

3 — Puisque la francophonie nord-américaine est numériquement faible à l'extrême et que la francophonie canadienne, tout en étant en meilleure posture, ne peut se permettre de perdre du terrain sans risquer son existence même, croyez-vous que le Québec, quel que soit son statut politique, réussira à se maintenir longtemps sans l'apport des communautés de langue française qui gravitent autour de lui ?

Non au statu quo, même modifié

Les Canadiens français de l'Ouest et les Acadiens des Maritimes sont inquiets du sort qui leur est réservé dans le Canada actuel. Ils le savent, le fameux Acte de l'Amérique du Nord Britannique n'a pas été conçu en fonction de leur présence sur le territoire canadien. Ils savent, également, que ce ne sont pas les pelletées de copeaux qu'on leur lance, de temps à autres, qui leur permettront de rester à la surface de la mer anglophone canadienne, autant que nord-américaine. À moins d'une sacrée bonne planche de salut, leur survie culturelle est gravement menacée. Autant que les Québécois, ils ont besoin d'assises économiques, culturelles et sociales solides. Cela nous semble hors contexte, à nous qui ne sommes pas politiciens ni fonctionnaires. Et si nous avons la chance d'avoir quelque peu raison, il est évident que les structures doivent changer radicalement. Pour le moment, les propositions du Premier Ministre Pierre Elliott Trudeau équivalent à une petite pelletée de copeaux et celles du Parti québécois sont trop peu claires pour nous donner quelque assurance.

Tout en admettant que les propositions québécoises apparaissent plus fondamentales, elles ne livrent pas tout le message, de telle sorte que, pour nous autant que pour les Québécois, on ne sait pas ce que ça va coûter ni ce que ça va donner en retour. Pourtant un choix précis suppose une réponse précise comme résultat de ce choix.

Il y a séparation et séparation

Lorsqu'on nous demande « Quelles sont les implications éthiques de la séparation du Québec, au plan culturel, en regard des minorités françaises hors Québec ? », nous sommes en droit de demander, à notre tour : « Quelle séparation ? » Sachant qu'un homme et une femme peuvent être *unis* dans le mariage, tout en vivant en régime de séparation de biens et qu'on ne les appelle pas pour autant des séparatistes, nous aimerons bien savoir de quel genre de séparatisme il s'agit.

En d'autres mots et puisqu'il s'agit de parler clairement, dans quel état le Québec veut-il se mettre, et par voie de conséquence, dans quel état veut-il nous mettre, voilà la question. Et ce n'est certes pas nous qui avons, en ce moment, la réponse. Cela ne nous empêche pas, cependant, de dire ouvertement ce que nous ressentons et ce à quoi nous nous attendons.

Des sans-voix qui crient, ou le sursaut des minoritaires

Ce sont des gens comme nous, Acadiens des Maritimes et Canadiens français de l'Ouest qui interpellent et interrogent le Québec. Minoritaires, sans voix reconnue au chapitre des décisions politiques, nous osons quand même élever la voix afin d'attirer l'attention de ceux qui, de leur position privilégiée, ne doivent pas oublier la francophonie dispersée et ballottée d'une mère patrie à l'autre. Si vous, Québécois, êtes préoccupés et inquiets, nous le sommes mille fois plus. Si vous, Québécois, cherchez à consolider vos positions, nous cherchons, désespérément parfois, à ancrer notre esquif afin qu'il ne soit pas emporté au gré des flots envahissants. Serait-il exagéré de dire qu'au fond nos préoccupations réciproques sont sensiblement les mêmes, mais que seules les situations et les problèmes qui s'y rattachent nous différencient. Cela ne devrait-il pas nous inciter à voir ensemble la situation ?

Il ne devrait pas être difficile de faire accepter, au départ, qu'il faille trouver des solutions d'envergure, des solutions radicales, si nous voulons à long terme, compte tenu des contextes différents dans lesquels nous évoluons, la survie de nos communautés. Sans prétendre que celles-ci sont toutes également viables, nous contestons la thèse qui veut que, seul, le Québec soit viable. Ce qui nous amène à dire que nous n'acceptons pas l'euthanasie sans condition de nos communautés au profit de la seule communauté supposément viable que serait le Québec. Si, dans nos temps modernes, la médecine s'efforce de prolonger la vie du malade et de le guérir si possible, pourquoi se refuserait-on, socialement parlant, à accorder les meilleurs soins possibles aux communautés qui ont besoin d'un regain de vie et qui, peut-être, réussiront, il faut le dire, l'exploit du siècle : Survivre malgré tout.

Nous ne nous leurrons pas. Nous ne cherchons pas de miracle. Nous croyons, plutôt, que seules des conditions de vie et de développement normales peuvent assurer à la fois la survivance et une vie normale. Le document récent rendu public par la F.F.H.Q. intitulé «Deux poids, deux mesures», démontre abondamment la praticabilité de ce principe. Les anglophones du Québec dotés d'institutions et de services plus qu'adéquats dans leur langue et vivant une vie de groupe de façon intense, démontrent une vitalité insoupçonnée. Par ailleurs, les Canadiens français et certaines communautés acadiennes s'étiolent, faute de vie communautaire susceptible de les rendre dynamiques, productives et relativement autonomes.

Rien ne s'oppose, il nous semble, à ce que nous puissions ensemble, Québécois, Canadiens français de l'Ouest et Acadiens des provinces de l'Atlantique, tenter de comprendre, chacun selon ses possibilités, le problème dans sa totalité et dans chacune de ses parties. Une telle approche, tout en laissant à chacun son autonomie la plus complète, aurait l'avantage de regrouper des représentants de groupes qui ont des aspirations communes, ce qui n'est pas toujours le cas lorsqu'il s'agit de réunions ou conférences fédérales-provinciales.

Ne l'oublions pas, nous sommes minoritaires, non seulement au sein de la nation canadienne mais aussi dans le contexte nord-américain. Il nous est donc doublement difficile de faire entendre notre voix et de nous assurer une position favorable à tous les points de vue. Jusqu'ici, il n'y a jamais eu de vrai mariage, de telle sorte que l'union n'est qu'apparente. Cet état prolongé de minoritaires pourrait bien, à la longue, nous être fatal. Seule une union dans l'égalité la plus totale nous donnera accès au statut de majoritaire et, donc, une voix au chapitre des décisions politiques, économiques et culturelles.

Le temps presse

Du côté survivance vs assimilation, nous avons accumulé autant d'échecs que de succès. Nos luttes incessantes nous ont donné l'occasion de vivre et de sentir la présence constante du danger d'assimilation et nous constatons qu'en maints milieux, les chances d'une vraie survie collective sont minces, En toute réalité, nous avons parfois l'impression de naviguer dans un bateau qui prend l'eau et qui, s'il n'est pas vite réparé, pourrait couler à pic.

C'est pourquoi nous affirmons que le temps presse. Il faut faire quelque chose. Il faut se mettre à l'œuvre, en mettant en branle un processus de recherche, de réflexion et d'échanges. Appelons cela « États généraux de la francophonie canadienne » ou « Mouvement national », peu importe. L'important, c'est que nous acceptions, dans la sincérité, l'ouverture et le respect, d'envisager l'avenir de chacune des composantes de notre groupe. C'est une nécessité vitale, c'est le cas de le dire. Notre sort est d'abord en nos propres mains.

Les minorités d'une minorité

Avant de conclure, nous croyons utile de clarifier les positions. Entre toutes les minorités de langue française au pays, celle que constitue le peuple québécois est la mieux dotée d'institutions capables de lui assurer un développement normal. Les Acadiens du Nouveau-Brunswick, les moins minoritaires d'entre les minorités, après les Québécois, se sont dotés de certaines institutions et œuvrent en vue de l'acquisition d'un éventail complet d'institutions, à la fois politiques, économiques, sociales ct culturelles qu'ils jugent nécessaires à leur évolution en tant que peuple de langue française. Les autres minorités de langue française, issues en bonne partie des deux précédentes, sont arrivées à une croisée de chemin. Ou bien elles vont se développer sur tous les plans, moyennant des programmes de développement dynamiques englobant tous les secteurs de l'activité humaine, ou bien elles vont devenir les « otages de l'histoire », victimes d'un multiculturalisme vicieux et sournois.

Toutes ces minorités, de la plus petite à la plus grande, ont droit au respect et à la compréhension. Il appartient à chacune de celles-ci de déterminer de quelle manière et dans quelle mesure elle veut et peut participer à la vie de la grande communauté francophone.

Donatien Gaudet

Conclusion

Nos propos seront sans doute jugés peu scientifiques. Nous aurions pu parler des « effets de la minorisation des nègres blancs dans le contexte nord-américain » ou bien dire « comment l'influx des minorités ethniques européennes, mélangées à l'américaine, pourrait, s'il était intensifié, régler la crise d'identité canadienne en créant une nation anglophone multiculturelle ». De tels sujets d'étude intéresseraient peut-être certains universitaires en mal de subventions du Conseil des Arts.

Quant à nous, les problèmes vécus ne nous permettent pas de philosopher pour le plaisir de la chose. À chaque jour, nous touchons du doigt, tellement elle est intense, une situation érosive. Nous devons regarder la situation en face. Les statistiques ne disent pas tout. Elles nous aident quand même à saisir la réalité que d'aucuns voudraient voir tenue cachée. Nous ne devons pas être dupes. Seule la vérité toute nue et toute vraie nous permettra de nous en sortir, dans la mesure où les possibilités de s'en sortir existent. Car, il faut bien le dire, les choix sont limités. Seule une action courageuse et intelligente est de mise.

Nous espérons pouvoir compter sur nos seuls partenaires et alliés naturels, les Québécois.

LA SOLIDARITÉ CANADIENNE

Gregory Baum

Gregory Baum, théologien catholique, est professeur de sciences religieuses au St. Michael's College de l'Université de Toronto. Il s'intéresse plus particulièrement aux rapports entre sociologie et théologie. Rédacteur en chef de la revue The Ecumenist, *il est également membre du comité de direction de la revue internationale* Concilium. *Il a publié récemment* Religion and Alienation, *Paulist Press, New York. — Le texte suivant vient d'une allocution à la collation des grades de l'Université McMaster, Hamilton, Ontario.*

Le drame du Canada, c'est qu'en parlant à l'imitation de nos hommes politiques, de « l'unité canadienne », nous ne faisons qu'aggraver les forces qui déchirent notre pays. Cette « unité canadienne » signifie le plus souvent le maintien du système fédéral actuel dans lequel plusieurs provinces, dix en l'occurrence, s'agglomèrent sous un gouvernement commun. Selon cette signification, le Québec n'est qu'une province parmi dix, qu'une minorité récalcitrante qu'il faut ramener à l'ordre. Lorsque nous mettons l'accent sur « l'unité nationale », nous nous représentons comme les gardiens de l'ordre politique actuel, comme les représentants d'une majorité à qui incombe la lourde tâche de tenir la bride aux minorités réfractaires, au Québec surtout.

Un autre aspect de ce drame, c'est que les Canadiens français ont de la réalité canadienne une perception radicalement différente. Pour les Canadiens anglophones (parmi lesquels, à côté des Canadiens de souche britannique, il faut ranger les immigrants d'autres pays et leurs descendants), le Canada est un dominion britannique, essentiellement anglophone, où vivent plusieurs minorités, dont la française. Mais le Canadien français ne se voit aucunement comme membre d'une minorité. La Confédération pour lui est la noble tentative pour réaliser l'union de deux civilisations, la conjonction de deux majorités, l'anglaise et la française, pour la création d'une seule entreprise politique. C'est un pays où deux peuples ayant chacun leur culture propre se respectent et travaillent ensemble, deux peuples cependant qui entendent garder leur originalité. Voilà ce que veut dire un Canadien français quand il parle de « deux nations dans un seul pays ».

Il y a au Canada deux façons de se voir diamétralement opposées. D'une part il y a la « perception pluraliste » de la majorité anglophone qui se voit comme la pièce maîtresse d'un ensemble de groupes minoritaires ; d'autre part il y a la « perception bidimensionnelle » selon laquelle deux groupes majoritaires collaborent dans une entreprise commune. Lors donc que nos hommes politiques prônent « l'unité canadienne », ils ne font qu'insister sur la première de ces deux façons de voir. Ils empêchent par là les Canadiens anglophones d'être sensibles à la perception qu'ont d'eux-mêmes les Canadiens francophones et persuadent ces derniers qu'ils n'ont pas leur place dans la Confédération canadienne.

Pour faire encore mieux ressortir la triste inégalité entre les deux groupes, considérons deux autres facteurs de déséquilibre, l'un économique, l'autre culturel.

Le facteur de déséquilibre économique se constate sans peine au Québec. Si on établit une corrélation entre classe et identité ethnique dans la province de Québec, il est facile de voir que les Québécois francophones sont sous la domination économique de la minorité anglophone. Comment s'y prend-on pour établir cette corrélation ? Énumérons d'abord les classes et les groupes puissants qui pèsent sur le pouvoir de décision dans la province : ce sont les propriétaires et les directeurs des grandes, moyennes et petites corporations industrielles et commerciales, les experts techniques largement payés et les hauts fonctionnaires. Énumérons ensuite, et en regard de notre première liste, les groupes et les classes qui ont peu de voix aux affaires publiques : les cultivateurs, les travailleurs à col bleu, à col blanc, les petits salariés et les chômeurs. Déterminons ensuite pour chaque groupe le pourcentage de francophones et anglophones. Que trouve-t-on ? D'un côté les puissants, surtout les groupes financiers, sont dans une grande mesure anglophones, quoique parmi les proprié-

La solidarité canadienne

taires et les directeurs des petites corporations et les grands techno-crates le pourcentage de francophones augmente. Les francophones sont très nombreux dans l'administration publique. Du côté des gens sans pouvoir—les travailleurs et les cultivateurs—le tableau se ren-verse et on constate une majorité écrasante de francophones. Des anglophones s'y trouvent, certes, mais l'analyse statistique démontre qu'ils sont ici une minorité infime. Si nous colorons ce tableau, bleu pour les anglophones, rouge pour les francophones, il devient vite évi-dent que dans la province de Québec une minorité anglophone détient le pouvoir économique sur la majorité francophone. Voilà des données empiriques qui amènent parfois les Québécois à se servir de l'ana-logie du colonialisme pour décrire leurs rapports avec la puissante élite anglophone.

Le deuxième facteur de déséquilibre entre le Québec et le reste du Canada est d'ordre culturel. Le Canada anglophone est devenu — comme les États-Unis — une société libérale, pluraliste et indus-trielle. C'est une civilisation commerciale où les liens entre les indi-vidus sont à caractère simplement légal ou contractuel, où on est libre de faire ses propres choix, de cultiver ses propres valeurs, ses propres rêves. Dans une telle société, nous cherchons à poursuivre nos propres intérêts et nous tenons à ce que la collectivité nous laisse tranquilles pour que nous puissions plus librement tendre à nos aspirations. Le Québec, au contraire, est une société plus homo-gène faite de liens sociaux solides entre des gens qui ont en commun une histoire, des idéaux culturels et des symboles religieux. Alors que l'éthique commerciale et l'individualisme qu'elle comporte sont en train de pénétrer dans le Québec, les Québécois demeurent per-suadés qu'ils doivent se définir collectivement et que la société est un projet collectif. Quand les Québécois insistent pour dire qu'ils veu-lent s'emparer de leur destin et se réaliser dans un projet commun, ils tiennent un langage incompréhensible aux Canadiens anglophones qui ne s'estiment pas impliqués dans un effort collectif d'autodéter-mination. La réalité canadienne est donc en effet une dualité, un mariage de deux civilisation, mais un mariage inégal, inégal à l'égard du pouvoir économique et de l'auto-compréhension culturelle.

Voici une situation qui fait croire à de nombreux Québécois qu'il vaudrait mieux sortir de la Confédération. Celle-ci, estiment-ils, fut une aventure brillante mais qui n'a pas abouti. Les partisans de l'indépendance québécoise prétendent que l'expansion du Canada dans les provinces de l'Ouest a fait disparaître aux yeux de la

Gregory Baum

163

plupart des Canadiens anglophones la dualité de notre pays. Cela étant, pourquoi le Canada anglais aurait-il constamment à s'occuper du Québec et de ses efforts pour se réaliser ? Ne serait-il pas plus raisonnable que les deux parties en cause consentent à la séparation ? Si un mariage a complètement échoué, alors les deux partenaires devraient demander la séparation en droit ; et puisqu'ils sont propriétaires voisins et qu'ils ont des intérêts communs, ils devraient rester amis et accepter de collaborer.

La séparation serait-elle une bonne solution du dilemme canadien ? Beaucoup d'économistes prétendent que la séparation serait désastreuse, mais ils ne sont pas d'accord entre eux pour dire si c'est le Québec ou l'Ontario qui en pâtirait davantage. Je préfère envisager la question du point de vue moral et humain. En premier lieu, il me semble nécessaire, à notre époque, de reconnaître, avec les Nations unies, qu'un peuple a le droit à l'autodétermination. Ce principe est reconnu dans un important document ecclésiastique sur la situation canadienne, publié par les évêques catholiques du Canada en 1967. « C'est une caractéristique du vingtième siècle, disent les évêques, que la campagne en faveur de la justice n'est plus menée que par des individus seuls, mais aussi par des peuples entiers, par des régions et par des communautés ethniques. » Dans ce contexte, les évêques reconnaissent que les Canadiens français constituent un groupe culturel et linguistique enraciné depuis trois siècles dans le sol canadien, un groupe fortement cimenté par des institutions politiques communes. « Ils se rendent vivement compte, ajoutent les évêques, qu'ils sont une communauté dotée d'une unité, d'une individualité et d'un esprit qui leur sont propres et qui leur donnent le droit inaliénable à leurs existence et développement. » « La paix ne viendra jamais au Canada, lit-on dans ce même document, tant qu'on n'aura pas pleinement reconnu le fait social qu'est le peuple canadien-français et qu'on n'aura pas effectivement reconnu les droits de ce peuple. » Le peuple québécois, effectivement, a le droit de se déterminer.

Je m'empresse de préciser que l'autodétermination ne comporte pas nécessairement la séparation et la souveraineté. Les Québécois peuvent s'efforcer de se déterminer ou d'obtenir « la reconnaissance effective de leurs droits comme peuple » soit dans un mouvement de séparation, soit au sein d'une union canadienne. De ces deux possibilités, c'est la deuxième qui me semble plus rationnelle. Pourquoi ? Parce qu'elle correspond davantage à cette histoire commune vécue par les Canadiens depuis plus d'un siècle ; parce qu'elle fournit un meilleur rempart contre la domination culturelle et économique dont le Canada est menacé par les États-Unis ; parce qu'enfin elle permet aux Canadiens tant francophones qu'anglophones et surtout aux cultivateurs et aux ouvriers, de faire de la justice sociale leur but premier. Seule une solidarité qui dépasse le nationalisme permettra d'effectuer dans notre pays des réformes sociales réelles. Pour ces trois raisons il me semble plus rationnel, de la part du Québec de se définir comme peuple au sein d'une union canadienne.

Quel choix le Québec fera-t-il ? Il me semble que dans toute situation de conflit, ce sont les plus forts qui en déterminent le résultat. C'est le Canada anglais qui décidera dans quel sens les Québécois vont voter. Si le Canada anglais s'en tient au *statu quo* social, insiste sur « l'unité nationale » et refuse de promettre des modifications constitutionnelles qui accordent une reconnaissance en droit au peuple québécois, les Québécois se trouveront obligés de voter pour l'indépendance. Si, par contre, le Canada anglais fait preuve de bonne volonté en acceptant de modifier la Constitution de façon à faire ressortir et à protéger la dualité canadienne, alors la vaste majorité des Québécois, à mon avis, refuseront la séparation et voteront en faveur d'un fédéralisme reconstitué. La plupart des Québécois, j'en suis persuadé, désirent à la fois l'auto-réalisation *et* l'union. Monsieur Lévesque en témoigne lorsqu'il formule comme but du Parti québécois la « souveraineté-association » et Monsieur Ryan de même quand, au plus fort des clameurs du Parti libéral en faveur de « l'unité nationale », il réclame un fédéralisme renouvelé et un statut spécial pour le Québec. Donc j'en conclus que l'insistance sur « l'unité nationale » ne fait qu'alimenter les forces qui nous déchirent en deux. Ce que nous devrons encourager avant tout, c'est la solidarité canadienne dans la réalisation d'une œuvre commune — l'union de deux peuples dans la lutte pour la justice sociale.

Gregory Baum

LA SOUVERAINETÉ-ASSOCIATION VUE PAR UN PROTESTANT ONTARIEN

Roger Hutchinson

Roger Hutchinson est professeur adjoint au Département de sciences religieuses du Victoria College de l'Université de Toronto. Son enseignement porte sur l'éthique sociale et la religion au Canada. Conseiller à la division de la Mission canadienne de l'Église Unie et à la Commission royale ontarienne présidée par le juge Patrick Hartt sur l'environnement dans le Grand Nord. Il a publié « Religion, Morality and Law in Modern Society » dans Religion and Culture in Canada/Religion et culture au Canada *(Peter Slater, ed.), et « Religion, Ethnicity and Public Policy » dans* Religion and Ethnicity *(Harold Coward and Leslie Kawamura, eds.).*

Dominant les débats autour de l'avenir du Québec, l'expression « souveraineté-association » fait penser à un paratonnerre. Elle attire les foudres de la Gauche comme de la Droite et pointe dans la tempête qui depuis toujours menace cette hasardeuse entreprise qu'est notre Confédération. Pour certains critiques, elle est ennemie de l'indépendance intégrale, pour d'autres, elle compromet les chances d'une association véritable en appuyant trop sur l'autodétermination. Pour d'autres encore, elle ne fait qu'embrouiller ce qui doit être un choix sans équivoque entre séparatisme et fédéralisme. Claude Ryan, par exemple, insiste pour que le référendum demande un « oui » ou un « non ». « Il faut que ce soit A ou B. Ça ne peut pas être A plus B. »[1]

Que la souveraineté exclue l'association et vice versa, c'est chose acquise pour de nombreux anglophones. Il ne manque pas de voix, pourtant, qui exhortent le Canada anglais à accueillir favorablement le désir des Québécois d'une indépendance accrue au sein d'une association économique. À l'appui de cet accueil, des arguments d'ordre moral et pragmatique sont avancés dans le rapport soumis à la Commission sur l'Unité nationale par le Comité pour une Nouvelle Constitution[2]. Selon l'avis exprimé par ce comité composé d'universitaires et de personnalités littéraires, si le Québec opte pour l'indépendance, ce serait manifestement à l'avantage économique du Canada anglais d'encourager l'association. Dans des domaines d'importance capitale tels que la monnaie, le commerce et la politique relative aux droits des étrangers sur la propriété, le Canada se trouve avoir autant à perdre que le Québec en cas de séparation totale. Sous-jacente à cet argument d'intérêt est la reconnaissance morale du droit du Québec à l'autodétermination. Un des fondateurs du comité, Mel Watkins le laisse entendre quand il dit que « ce droit fondamental de l'homme... doit être affirmé afin d'éviter la proposition contraire, à savoir que le Québec serait maintenu dans la Confédération par la force ou par l'intimidation »[3].

Ces deux arguments se tiennent. Ceux qui nient au Québec le droit à l'autodétermination vont sans doute demeurer insensibles à l'argument de l'intérêt économique. Ceux qui affirment ce droit supposent un contexte différent dans lequel il faudrait discerner et déclarer les intérêts légitimes propres à chaque partie du Canada. C'est ce nouveau contexte qu'il s'agit de rendre plus explicite. Ce qu'il faut encourager, ce sont de nouvelles attitudes envers le Canada et le Québec, attitudes qui élargiront les débats autour du référendum pour englober, au-delà de la question immédiate du séparatisme et du fédéralisme, les débats soulevés par la lutte commune en faveur d'une société plus juste et plus humaine.

Symptomatique à cet égard est la réaction de l'Église Unie du Canada devant la lutte du Québec pour la libération. C'est un signe qu'il ne manque pas d'anglophones qui soient prêts à redéfinir leur attitude non seulement pour ce qui est des rapports franco-anglais, mais aussi et surtout pour ce qui est de la direction dans laquelle nous voudrions voir progresser notre société. C'est en même temps inviter les Québécois à préciser dans quel but ils réclament l'indépendance.

Point de vue d'un protestant ontarien

Suite aux événements d'octobre 1970, l'Église Unie a nommé une commission spéciale sur les rapports franco-anglais. Le mandat de cette commission faisait état des gestes antérieurs par lesquels l'Église Unie avait signalé son engagement envers le bilinguisme et le biculturalisme, et réitéré l'opinion selon laquelle le Canada fut fondé par des peuples français et britanniques. La commission avait pour tâche de renseigner les membres de l'Église sur la situation au Québec, de faire des recommandations quant à « l'attitude future de l'Église Unie envers le Canada français, et de ré-examiner les structures de l'Église Unie du point de vue des rapports franco-anglais » [4]. Dans la présente communication, ce qui va retenir mon attention, ce sont les attitudes exprimées envers le Canada français.

Dans le rapport majoritaire soumis en 1972 au Conseil général, la commission déclare « trouver impossible de séparer la question des attitudes envers le Canada français de la question plus générale des attitudes à l'égard des structures politiques actuelles et à l'égard d'un nationalisme conçu comme une aspiration consciente vers la modification de ces structures au nom de l'autonomie locale, de l'autodétermination ou de l'indépendance ».

La commission insiste pour dire que les structures actuelles, de même que les mouvements visant à les modifier, peuvent de part et d'autre se justifier en fonction des valeurs humaines qu'ils cherchent à réaliser et que ni les unes ni les autres ne devraient revêtir un caractère sacré. En même temps il est toutefois reconnu qu'« un élément capital dans la formation de structures politiques futures doit être la délivrance des Canadiens français de tout sentiment de sujétion ». La situation historique du Canada exige la *désacralisation* des structures actuelles de la Confédération, et la *légitimation* de la lutte du Québec pour la libération.

Dans son rapport minoritaire, Rhoda Hall reproche à la commission de n'avoir pas suffisamment ressenti l'urgence de la situation et de continuer la pratique douteuse qui consiste à faire des déclarations « officielles » à la fois prétentieuses et ambiguës. Le rapport majoritaire n'en a pas moins réussi à faire intégrer dans la doctrine officielle de l'Église Unie le droit du Québec à l'autodétermination.

Le succès électoral du Parti québécois a renouvelé les discussions anglophones autour des rapports franco-anglais. Il a poussé l'exécutif du Conseil général de l'Église Unie à déclarer que « dans la situation canadienne d'aujourd'hui il y a un élément nouveau et vivifiant.

Roger Hutchinson   169

Nous n'y voyons pas un déboire mais une belle occasion ; nous y voyons de beaux espoirs et non pas du désespoir. Aux partenaires dans l'entreprise canadienne l'occasion se présente d'engager un dialogue ouvert » [5].

Le département des missions au Canada, lui aussi, voit dans les résultats électoraux une occasion propice autant qu'un défi à relever. Dans la déclaration citée plus haut, préparée par les soins de sa Commission sur les rapports franco-anglais, le département exhorte l'Église Unie à se réjouir de ce que « de nombreux Québécois voient dans les résultats électoraux (résultats obtenus, soit dit en passant, dans les formes voulues) un indice de la maturité nouvelle d'une société participative porteuse d'une vision neuve du Québec et orientée vers l'avenir ».

Cette déclaration ne fait d'ailleurs que réaffirmer en termes plus explicites ce que l'Église Unie avait déjà affirmé au sujet des droits de l'individu et de la collectivité :

> Ce nouveau contexte nous permet de mieux comprendre ce que signifie un droit de l'homme. Déjà nous réclamions qu'on respecte les droits des particuliers, le droit à une vie pleinement humaine, le droit à une identité culturelle personnelle, le droit de participer aux décisions à caractère social, économique ou politique, le droit d'exprimer des opinions différentes de celles de la majorité. Nous réclamons à présent, à la suite du Conseil général de 1972, qu'on respecte les droits collectifs, les droits des groupes et des peuples. Nous comprenons parmi ces droits celui de prendre les mesures qui s'imposent en vue de la survie et de la réalisation collectives.

La déclaration de la commission signale les diverses opportunités que présente la nouvelle situation :

> Il y a d'abord pour *le peuple* du Québec l'occasion de faire, par voie de référendum, un choix et, de ce seul fait, de participer davantage à la formulation de son destin. Il y a ensuite pour la majorité l'occasion de faire mieux sentir son poids dans les décisions prises au Québec et de saisir les chances ainsi offertes d'aménager un milieu social où tous les éléments de la population auront à jouer le rôle légitime qui leur revient. Pour les anglophones au Québec, quel que soit l'avenir de la province avec ou sans le Canada, l'occasion se présente de découvrir et de démontrer le rôle que peut assumer une minorité responsable. Nous sommes persuadés que les anglophones originaires et habitants du Québec sauront faire valoir la contribution capitale qu'ils auront à faire dans des circonstancs en pleine évolution.

Point de vue d'un protestant ontarien

Les Canadiens anglais hors du Québec se trouvent également devant un défi qui est en même temps une belle occasion :

> L'occasion leur est offerte de réfléchir sur ce qu'ils sont, sur ce qu'ils veulent, sur les structures politiques qu'il faudrait élaborer...

> Le destin du Québec en ce qui concerne ses rapports avec le reste du Canada sera décidé dans quelques années. Nous espérons que le processus décisionnel, quelle qu'en soit l'issue, nous obligera à remettre en question notre destin à nous dans l'Amérique du Nord, à remettre en question le rôle et la responsabilité qui sont nôtres dans la formulation de ce destin.

En dernier lieu, la déclaration remet le dialogue entre le Québec et le reste du Canada dans le contexte des rapports « avec d'autres groupes dans ce pays multiculturel ».

> Le dialogue franco-anglais, destiné à régler l'avenir du Québec et du Canada, exige une certaine priorité qui demande de la compréhension de la part des autres groupes. Mais déjà ce dialogue impose à notre attention les nombreux problèmes relatifs aux droits des peuples indigènes, des minorités et des immigrants. Il faut soumettre ces problèmes à la discussion et les régler. Une reformulation de la constitution canadienne nous fournirait la chance inespérée de prendre en considération ces autres groupes, de répondre, en particulier, aux exigences de justice sociale exprimées par les peuples indigènes. Nous nous permettons de rappeler aux groupes francophones et anglophones qu'ils ne sont pas seuls en présence.

En adoptant cette déclaration, le Conseil général de 1977 exhortait

> ... les membres de l'Église Unie à entrer en lice, à engager le dialogue avec autrui afin d'identifier leurs propres aspirations pour le Canada, d'examiner les options possibles et les implications de chacune d'entre elles, d'appuyer les propositions qui à leur avis font preuve d'un souci de justice pour... les particuliers tant au Québec que dans l'ensemble du Canada. [6]

Cette réaction de l'Église Unie à la lutte du Québec pour la libération pourrait sembler — et il ne manque pas de critiques pour l'affirmer — abstraite et ambiguë. Elle proclame de nobles idéaux mais il est peu probable que le comportement des membres mêmes de l'Église Unie s'en ressentira de manière évidente [7]. Dans un autre sens, cependant, elle peut, ainsi que je l'ai suggéré, fonctionner comme signe et comme invitation.

En tant que signe, les déclarations que je viens de résumer attestent une vue sur la société canadienne, sur la base éventuelle d'une morale publique, qui mérite qu'on la prenne au sérieux. La tendance dominante au Canada anglais a été de ramener toute question d'intérêt public soit aux décisions techniques nécessaires pour assurer la croissance économique, soit à des calculs utilitaires du plus grand bien du plus grand nombre. On dirait que nous avons accepté comme destin inéluctable ce que George Grant appelle l'état universel et homogène, que ce soit, là ou non le véritable destin voulu par les libéraux anti-nationalistes[8]. Par contre, l'attitude de l'Église Unie envers le Canada français comporte sur la société canadienne une vue qui évoque l'idée de collectivités dialoguant entre elles plutôt que d'un territoire livré à l'autorité d'un groupe dominant. Ce n'est, à vrai dire, qu'à la suite d'une conjoncture historique et géographique que ces collectivités se trouvent en présence, mais l'aspect le plus frappant de leurs rapports, c'est un engagement moral mutuel. Le modèle qu'il convient de suivre dans nos réflexions sur ces rapports, c'est l'amitié. De simples associés ne font que passer un contrat productif d'obligations, mais entre amis il y a échange de vœux et alliance. Une telle façon de penser est loin d'être un refuge contre la dure réalité de la faute politique et des intérêts qui se heurtent. Au contraire, elle laisse pressentir un autre paradigme culturel où l'aspect libéral sur la liberté individuelle s'harmonise avec l'accent conservateur et socialiste sur la collectivité[9].

Pour implicite qu'elle soit dans les déclarations de l'Église Unie, l'amitié n'en est pas moins la condition présupposée à toute fonction d'une morale publique. Tout ramener à soi sans se soucier de l'autre, l'abnégation de soi pour assouvir la cupidité de l'autre, voici qui contredit l'idée la plus élémentaire qu'on se fasse de l'amitié. La liberté et la fraternité sont des aspects essentiels de la vie humaine. Elles n'ont de sens profond que l'une par rapport à l'autre[10]. L'autodétermination et la préservation des structures actuelles n'ont aucune utilité conceptuelle si l'on veut en faire des universels abstraits ou des droits « naturels ». Elles n'ont de sens et de contenu que par leur relation manifestée dans des circonstances historiques et concrètes. Si, pour des raisons historiques, la priorité doit être accordée à la question franco-anglaise, on ne saurait, par contre, ni séparer celle-ci des questions relatives à la société future envisagée par les deux groupes, ni laisser de côté les implications que cette société comporte pour les peuples indigènes et les autres minorités.

Cet accent mis sur la relation bipolaire entre liberté et fraternité, entre autodétermination et interdépendance, convie les Canadiens francophones et anglophones à se poser les questions suivantes :

Les francophones pourront-ils recouvrer leur identité collective sans nier la réalité de l'interdépendance, sans ruiner la perspective de rapports fondés sur l'amitié et le respect ? Les anglophones pourront-ils rompre avec leur attachement peureux aux structures actuelles et retrouver cette ouverture aux possibilités neuves qui caractérisait autrefois la culture des protestants anglophones ? Ce ne sont pas les déclarations officielles de l'Église Unie qui fourniront des réponses à ces questions. Mais on doit lui savoir gré de les avoir posées et d'inviter ainsi tous les Canadiens à s'en préoccuper. Notre problème principal, ce n'est pas la diversité des réponses que ces questions pourraient provoquer, c'est le sentiment que pareilles questions ne signifient plus rien dans nos discours politiques. Nous ne savons plus distinguer entre ce qui est nécessaire et ce qui est bien. Or, ainsi que l'observe un commentateur de George Grant : « Sans accorder une certaine latitude à ce que nous entendons par « bien », les discussions indispensables pour une société politique authentique sont impossibles » [11].

Notes

1. « Interview with Claude Ryan », *Maclean's*, 91, 12 (12 juin 1978), 8.

2. « Canada and Quebec : A proposal for a new Constitution », *The Canadian Forum*, LVII, 672 (juin-juillet 1977), 4-5.

3. « Sovereignty-Association : What should English-Canada say ? », *Ontario Report*, 2, 6 (avril 1978), 18.

4. « The Special Commission on French-English Relations », *25th General Council Record of Proceedings* (Église Unie du Canada, 15-22 août 1972), pp. 196-201 (traduction française et rapport minoritaire, pp. 186-195).

5. Cité dans « A Statement on the Implications of Developments in Quebec for Canada and the Church », *27th General Council Record of Proceedings* (Église Unie du Canada, 21-30 août 1977), p. 292.

6. *27th General Council Record of Proceedings*, p. 304.

7. Par exemple, un comité du Consistoire de Montréal avait rédigé une déclaration où on engageait les protestants anglophones à affirmer leur statut minoritaire. Le Consistoire en a différé la publication. Voir Douglas J. Hall, « On Being the Church in Quebec Today », *ARC*, V, 1 (Montreal : Faculty of Religious Studies of McGill University, automne 1977), 8-10. J'ai esquissé pour les dénominations protestantes principales la transition du statut majoritaire au statut minoritaire in « Religion, Ethnicity and Public Policy », Harold Coward and Leslie Kawamura, eds., *Religion and Ethnicity* (Waterloo, Ontario : Wilfred Laurier University Press, 1978), pp. 135-150.

Roger Hutchinson   173

8. Pour les observations de George Grant selon lesquelles le nationalisme québécois est une forme de résistance à l'état universel et homogène, voir *George Grant in Process: Essays and Conversations*, edited by Larry Schmidt (Waterloo, Ontario : Toronto Anansi Press, 1978), pp. 15-21.

9. Voir A. James Reimer, « George Grant : Liberal, Socialist, or Conservative », in *George Grant in Process: Essays and Conversations*, pp. 49-60. Toutefois, cette posture méta-politique évoquée par Reimer n'est, à mon avis, qu'une autre forme du sentiment de l'apatride. Je songeais, pour ma part, à ce contexte culturel en évolution où on aurait à traiter de façon concrète les questions relatives à la signification des mots tels que conservateur, libéral ou socialiste.

10. Pour une exposition explicite de ce point de vue, voir les articles rédigés pendant les années trente par un groupe évangélisant de l'Église Unie, *Towards the Christian Revolution*, edited by R.B.Y. Scott and Gregory Vlastos (Chicago : Willett Clark and Company, 1936). Selon Vlastos : « La morale chrétienne de l'amour n'est pas seulement une morale individuelle, n'est pas seulement une morale publique. Individuelle et publique, elle est une relation bipolaire. L'élimination d'un pôle en élimine l'autre. » (p. 69).

11. M. Darrol Bryant, « The Barren Twilight : History and Faith in Grant's *Lament* », in *George Grant in Process: Essays and Conversations*, p. 114.

CAHIERS DE RECHERCHE ÉTHIQUE

Cahier n° 6 — **L'engagement politique,** 210 p.

CAHIERS DE RECHERCHE ÉTHIQUE

Les Éditions Fides

235 est, boulevard Dorchester

Montréal   H2X 1N9

Ayez l'obligeance de m'expédier :

☐ Cahiers de recherche éthique 1
Problèmes et méthodes $4.00

☐ Cahiers de recherche éthique 2
Le développement moral $4.00

☐ Cahiers de recherche éthique 3
Une nouvelle morale sexuelle ? $6.00

☐ Cahiers de recherche éthique 4
Le bonheur menacé $6.00

☐ Cahiers de recherche éthique 5
Une société en quête d'éthique $8.00

☐ Cahiers de recherche éthique 6
L'Engagement politique $8.00

☐ Cahiers de recherche éthique 7
Le référendum : un enjeu collectif $8.00

Ci-inclus la somme de ....

Nom ....

Adresse ....

....

....

....

S.v.p. écrire en lettres moulées

couper et plier
et envoyer sous enveloppe avec le paiement